TRANSPARENT

Band 20

W0065663

V&R

Dr. Reinhard Deichgräber, geb. 1936, ist Pastor und seit 1965 theologi-
scher Lehrer am Missionsseminar des evangelisch-lutherischen Mis-
sionswerks in Hermannsburg; logotherapeutische Zusatzausbildung
am Institut für Integrative Logotherapie in Hamburg.
Er ist u. a. Autor der Bände „Wachsende Ringe" und „Von der Zeit, die
mir gehört" (4. Auflage 1992), „Trost der Nacht" (1993).

Reinhard Deichgräber

Ich freue mich, daß es mich gibt

Vom Umgang des Menschen mit sich selbst

Ich weiß, Angelika, das Du
diesen Satz mit Gottes Hilfe
bald wie selbstverständlich
aussprechen wirst.
Gott sei bei Dir auch im Jahre
2000   Anneliese

Vandenhoeck & Ruprecht
Göttingen · Zürich

Die Deutsche Bibliothek – CIP Einheitsaufnahme

Deichgräber, Reinhard
Ich freue mich, dass es mich gibt : vom Umgang
des Menschen mit sich selbst / Reinhard Deichgräber. –
Göttingen ; Zürich : Vandenhoeck und Ruprecht, 1995
(Transparent ; Bd. 20)
ISBN 3-525-01809-6
NE: GT

Umschlaggestaltung: Rudolf Stöbener

Umschlagabbildung:
Hans Gottfried von Stockhausen, Akrobaten.
1969. Überfangglas, Schwarzlot, Blei. 71,5 × 101 cm.

Inhalt

Für meine Patenkinder

Adolf, Peter, Helmut,
Christian, Cornelia, Stefan,
Christoph, Tobias, Malte,
Katharina, Lerato und Stefan

sowie für

Tobias, David und Johann

Vorwort

»Ich freue mich, daß es mich gibt« – wer mag diesen Satz frei und aus innerster Überzeugung nachsprechen? Schnell regt sich Widerstand – aber was spricht gegen die Wahrheit eines solchen Satzes?

Vielleicht erinnern Sie sich an einen glücklichen Augenblick, in dem jemand zu Ihnen sagte: »Wie schön, daß es Dich gibt! Gut, daß Du da bist!« Vielleicht spüren Sie auch noch in der Erinnerung, wie gut ein solches Wort tut, zumal wenn es ehrlich gemeint ist und nicht den widerlichen Geschmack der Schmeichelrede an sich hat. Josef Pieper hat es als das Wesen der Liebe bezeichnet, daß sie so zum Geliebten spricht: »Ich freue mich, daß es Dich gibt!« Aber kann ich so auch zu mir selber sprechen? Darf ich so von mir denken?

Bei Kindern sehen wir wohl, wie sie sich ihres Daseins freuen, zumal wenn sie noch sehr klein sind. Manchmal steht ihnen die Daseinsfreude geradezu im Gesicht geschrieben, und es scheint, als wollten sie vor Freude an der eigenen Lebendigkeit fast platzen. Waren wir nicht auch einmal so? Wo ist die Freude von damals geblieben?

Es spricht viel dagegen, daß wir uns unseres eigenen Daseins freuen können, und es scheint so, als sammele sich im Laufe eines langen Lebens immer mehr an, das uns diese Freude vergällen möchte.

Aber wir sind zur Freude geboren, und nicht zur Depression. Jeder Mensch hat ein unzerstörbares Recht auf

Freude, eine Freude, die zuerst das Glück des eigenen Daseins ist. Und in jedem Menschen gibt es ein reiches Potential des Trotzes, der sich gegen die vielen Mächte wendet, die uns diese Freude nicht gönnen wollen. Nicht die Depression soll in unserem Leben das letzte Wort haben, sondern der Dank.

Dieses Büchlein möchte Wege zur Freude an uns selbst zeigen. Die verschütteten Brunnen sollen wieder fließen und die giftigen Ablagerungen der Lebensfeindschaft und Selbstzerstörung in uns fortspülen.

Bewußt habe ich mich – vom Einleitungskapitel abgesehen – für eine sehr persönliche Art der Darstellung entschieden. Jeder Abschnitt beginnt mit einem Zitat, in dem sich in irgendeiner Weise Lebensangst oder Lebensüberdruß, Ratlosigkeit oder Hilflosigkeit ausspricht. Die Antwort folgt dann wie in einem Brief. Die »Zitate« sind nicht frei erfunden, sondern beruhen samt und sonders auf Äußerungen, die ratsuchende Menschen mir gegenüber schriftlich oder mündlich so getan haben. Die Antworten wollen langsam gelesen sein. So können sie dazu helfen, daß die freundlichen, barmherzigen Stimmen in uns stark werden und die gnadenlosen »Einreden« an Kraft verlieren und am Ende vielleicht sogar verstummen. Über unserem Leben steht ein ewiges, unerschütterliches Ja, und wir leben davon, daß wir dieses Ja hören und sehen, fühlen und schmecken, verkosten und in uns aufnehmen, so daß es unser innerster Besitz, ja, ein Stück von uns selbst wird.

Zur Einführung:
Der Mensch im Gespräch mit sich selbst

Monologe stehen nicht hoch im Kurs. Kaum ein schlimmerer Vorwurf kann einem Redner gemacht werden als das Urteil, seine Ansprache sei ein Monolog gewesen. Von Martin Buber haben wir gelernt, den Dialog, das Gespräch hochzuschätzen. Sind uns doch auch unsere Augen zuallererst nicht dazu gegeben, daß wir uns im Spiegel selbst betrachten können. Ebenso meint das Geschenk der Sprache die Möglichkeit des Gesprächs miteinander und nicht mit uns selbst.

Verglichen mit der Begegnung von Ich und Du im lebendigen Gespräch ist der Monolog nur eine Kümmerform der Rede. Ihm fehlt die echte Spannung, die Erfahrung des Widerstandes und vor allem das Moment der Überraschung: der unerwartete Einwand, die unverhoffte Frage. Manchmal hören wir, daß jemand sagt: »Ich frage mich immer wieder ...«. Aber wie anders sind solche Fragen, die wir uns selber stellen, als die, die unser »Redegesell« (so sagte man früher an Stelle des modernen Wortes »Gesprächspartner«) an uns richtet! Erst in Rede und Gegenrede erwachen wir zum richtigen Leben; in der Erfahrung, angesprochen zu sein, entwickelt sich Gespräch. Es ist ein hübscher Zufall, daß das deutsche Fremdwort Monolog schon in seinem Vokalismus mit dem dreifachen o

Monotonie und Langeweile signalisiert. Ein Monolog gleicht einem Prozeß, bei dem wir in einer Person Behauptender, Verteidiger und Richter sind. Wahrheit wird in solcher Einsamkeit schwerlich gefunden.

Aber alle Hochschätzung des Dialogs ändert nichts daran, daß wir Menschen ein fast ununterbrochenes Gespräch mit uns selbst führen. Da ist etwas in uns im Gang, das wir nicht abstellen können, selbst wenn wir es wollten. Meistens führen wir diesen Monolog in aller Stille. Doch kann es durchaus geschehen, daß wir die Worte unseres Selbstgesprächs auch einmal laut von uns geben, zumal wenn wir uns unbeobachtet fühlen. Bei Kindern und bei älteren Menschen kann diese Art des Monologs sogar zur festen Gewohnheit werden.

Lauschen wir einmal auf unser Selbstgespräch! Was ist es, was wir da zu uns sagen? Vielleicht sind es ganz banale Sätze, mit denen wir bei unserer Arbeit unser Tun strukturieren: »So! Das wäre geschafft! Und jetzt kommt das, und dann das!« Oder wir kommentieren unser Tun und beurteilen das Ergebnis: »Okay! Das hält! – Nein, so geht es nicht! Nein, das hält nicht!« Oder wir lassen unsere Gefühlsregungen abfließen: »Ein Glück! Das ist noch mal gutgegangen! – So ein Mist!« Mancher hat für dies Selbstgespräch auch einen kleinen Sonder-Wortschatz von Ausdrücken, die er sonst selten oder gar nicht anwendet.

Neben solchen einfachen Formen begleitender Rede können lange Gedankengänge stehen, Grübeleien, Anklagen, Verteidigungsreden, Entwürfe, Pläne, Strategien und vieles andere mehr. Das Feld, das wir mit unseren Selbstgesprächen beackern, ist unermeßlich weit. Doch nicht nur die Frage nach dem Inhalt solcher Monologe ist interessant. Noch wichtiger ist mitunter die Frage nach dem Wie. Wie redest du mit dir? Wie gehst du in deinen Selbstgesprächen mit dir um?

Im stillen Monolog füttern wir sozusagen unsere Seele. Aber womit? Geben wir ihr, was sie braucht? Oder verweigern wir ihr das, wonach sie am lautesten schreit, und muten ihr stattdessen zu, was sie vergiftet? Lassen wir unsere Seele im Selbstgespräch erstarken, oder machen wir sie schwach und krank?

Im Selbstgespräch manifestiert sich eine Grundbefindlichkeit unsres Menschseins: die Tatsache, daß uns nichts unmittelbar gegeben ist. Zu allem, was uns betrifft, bauen wir sofort eine Beziehung auf. Am besten läßt es sich verdeutlichen am Beispiel einer Krankheit. Kaum sind wir erkrankt, so hat sich zu dieser Krankheit auch schon eine Beziehung eingestellt. Wir haben nicht nur eine Krankheit, die unser Arzt diagnostizieren wird, sondern auch eine Relation zu diesem Leiden. Es kann sein, daß diese Relation für unsere Genesungsaussichten von größter Bedeutung ist. Denn diese Beziehung kann unreif-infantil oder reif und erwachsen sein. Sie kann angstbesetzt sein (so daß wir geneigt sind, die Krankheit zu ignorieren oder unseren Zustand zu verharmlosen), oder Ausdruck eines gesunden Vertrauens, das es nicht nötig hat, sich selbst um die Realität zu betrügen. Sie kann brutale oder zwanghafte Züge tragen, kann aber auch verständnisvoll, fühlsam und zärtlich sein. In unserer Beziehung zu uns selbst kann die Härte dominieren oder eine Neigung zur Verzärtelung. Großzügigkeit und Kleinkariertheit, Lebensbejahendes und Lebenszerstörendes, Daseinsfreude und Daseinsflucht – alles dies kann unsere Beziehung zu uns selbst bestimmen.

Was wir am Beispiel einer Erkrankung gezeigt haben, gilt genauso für unseren Körper im ganzen und für alle seine einzelnen Organe. Es gilt für unser Aussehen und unsere Begabung. Es gilt für unsere Stärken und unsere Schwächen, für unsere Chancen und unsere Grenzen, für unser Versagen und unsere Schuld. Nichts ist uns unmittelbar gegeben. Auch unser Tod macht da keine Ausnahme. Wir verenden nicht wie ein Tier, sondern jeder von uns stirbt seinen eigenen Tod.

Dieses unser Verhältnis zu uns selbst ist der neuralgische Punkt unserer seelischen Reifung. Hier haben wir es mit einem Dreh- und Angelpunkt aller therapeutischen Bemühung zu tun. Daß ein Mensch »mit sich selbst ins Reine kommt«, ist das große Ziel seelsorgerlicher Hilfestellung und Beratung. Die Arbeit an unserer Beziehung zu uns selbst ist ein Kernstück bei allen Heilungsprozessen, denn der Kern der Krankheit, der hinter den Symptomen verborgen liegt, besteht nun einmal in der Störung der Grundeinstellung, die ein Mensch zu sich hat.

Zwei Aspekte verdienen in diesem Zusammenhang besonders erwähnt zu werden. Zum einen: Viele Sätze unserer Selbstgespräche haben Aufforderungscharakter. Das kann sich in der schlichten Form einsilbiger Anmutungen zeigen: »Los! Ran! Komm! Mach!« Es können auch ganze Sätze sein, wie sie der im biblischen Sprachgebrauch Erfahrene aus den Psalmen kennt:

> »Lobe den Herrn, meine Seele« (Psalm 103, 1)

oder:

> »Sei nur stille zu Gott, meine Seele« (Psalm 62, 6).

In der deutschen Dichtung der Barockzeit, aber auch bei Goethe und den Romantikern, ließen sich ebenfalls viele Beispiele sammeln. Stellvertretend für viele Sätze dieser Art sei Uhlands bekannter Vers zitiert:

> »Nun, armes Herze, sei nicht bang,
> nun muß sich alles, alles wenden«!

In solchen Anreden kommt zum Ausdruck, daß wir unser Herz nicht selten als träge oder verzagt erleben. Offensichtlich bedarf es der Ermunterung und des Zuspruchs.

Der andere hier zu erwähnende Gesichtspunkt ist der warnende Charakter so mancher Einrede: »Vorsicht! Paß auf! Laß das! Bloß nicht! Das geht schief!« In ihnen spricht sich unser Gefühl für die vielfältigen Gefährdungen aus, denen unser Dasein unterworfen ist.

Aber wie klingen diese Anmutungen und Einreden in unserem Inneren? Sind sie wirklich Ermunterung und Ermutigung? Oder sind sie bestimmt von Zwang und Gewalt?

Und die Warnungen? Sind sie der Situation angemessen? Sind sie Ausdruck eines gesunden Gewissens, das instinktiv auf eine tatsächlich vorhandene Gefahr reagiert und uns vor unserem Unglück warnen will? Oder handelt es sich um Stimmen neurotischer Angst, die überall Gefahren wittern, auch wo gar kein Unheil droht, und unser Leben gerade nicht schützen, sondern einengen?

So kommt alles darauf an, daß sich im Zentrum unserer Person das Leben selbst vernehmlich macht. Das Leben kann sehr hart mit uns umgehen, aber nie wird es uns auf einen Weg der Selbstzerstörung locken. Großzügig und gütig ist das Leben, und sein letztes Ziel mit uns ist Freude. Tag für Tag ist es der Anwalt unserer Freiheit und nicht der Fronvogt, der uns ausbeuten will und uns mit Gewalt zur äußersten Anstrengung preßt. Die authentische Stimme des Lebens unterscheiden lernen von all den falschen Stimmen, die sich widerrechtlich in uns eingenistet haben – das ist die große Aufgabe, die uns in unserem Leben gestellt ist. Ihr wollen wir uns in den folgenden Kapiteln stellen.

Mein Name

Brief
an ein gerade geborenes Kind

Lieber Tobias!

Das ist wohl der erste Brief, den Du in Deinem Erdenleben bekommst. Und dabei bist Du doch gerade erst vier Tage alt, und erst gestern habe ich durch die Anzeige Deiner Eltern erfahren, daß Du das Licht der Welt erblickt hast. Oder bin ich vielleicht doch nicht der Erste? Ist mir vielleicht ein Geldinstitut zuvorgekommen, das Dich mit einem kleinen Geldgeschenk begrüßen wollte, damit Du Dich frühzeitig an die schrecklichen Geldsorgen gewöhnst? Nun ja, und wenn mir wirklich eine Bank zuvorgekommen ist, dann kann ich doch wenigstens sagen, daß dies der erste Brief an Dich ist, der von Herzen kommt, denn Du sollst gleich am Anfang wissen, wie sehr ich mich freue, daß Du da bist! So bist Du nun aus dem Dunkel ans Licht gekommen, aus der Wärme des Bauchs Deiner Mutter in die Kühle, aus Enge und Eingeschlossensein in die Weite und Freiheit, lebst nun Dein eigenes Leben und kannst anfangen, Dir die Welt zu erobern.

Ich hoffe, es sind viele, die sich über Dich freuen, und ich wünsche Dir, daß kein Tag in Deinem Erdenleben vergeht, an dem nicht wenigstens einmal ein Menschenantlitz Dir liebevoll zugelächelt hat. Denn davon lebt Deine Seele, und manchmal brauchen wir die Erfahrung, daß da jemand ist, der sich über uns freut, nötiger als das tägliche Brot.

Und was für einen schönen Namen Dir Deine Eltern gegeben haben! Ich freue mich, daß Du Tobias heißt! To-bi-as – wie schön das klingt! Aber mindestens so schön wie der Klang ist die Bedeutung, die Dein Name hat: Tobias – »Mein Gutes kommt von Gott«, oder: »Mein köstliches Gut ist der Herr«. Manche Kinder können einem leid tun, weil sie von ihren Eltern nichtssagende Namen bekommen, Namen, mit denen man auffallen und Eindruck machen kann, Namen, die lediglich der Repräsentation dienen. Als ob wir Menschen es nötig hätten, daß wir uns mit aparten Namen schmücken!

Tobias – dabei denke ich an die schöne Geschichte, die uns in dem gleichnamigen Buch der Bibel erzählt wird. Sie handelt von einem jungen Mann mit Namen Tobias, der sich auf eine gefährliche Reise begeben muß. Aber er hat zwei treue Begleiter, einen kleinen Hund und einen großen Freund, der kein Geringerer ist als der Erzengel Raphael (das heißt: »Gott heilt«), der ihm unerkannt in menschlicher Gestalt folgt. Lieber Tobias, ich wünsche Dir für Deine Lebensreise auch so einen guten Begleiter, der freundlich über Dich wacht und Dich vor Gefahren schützt. Denn kein Mensch ist so klug oder so stark, daß er auf einen solchen himmlischen Gefährten verzichten könnte. Und ich hoffe, Du wirst es später einmal gewahr werden, wie gut es tut, wenn ich gerade auf den gefährlichen Wegen meiner Lebensreise immer einen Raphael bei mir weiß, einen weisen Gottesboten, den ich in allen Verlegenheiten um Rat fragen kann.

Wenn Du etwas größer bist, dann werden sie Dich im Kindergarten und in der Schule wohl »Tobi« rufen. Das ist eigentlich etwas schade, denn einen schönen Namen soll man nicht verunzieren. Es ist aber auch nicht zu schlimm. Es ist nun einmal Brauch in unserem Volk, daß die Menschen Namen kürzen und daß sie an den Namenskern ein Verkleinerungs-i oder ein Liebes-i anhängen. So kommt es zu Konni und Gabi, zu Tommi und Timmi, zu Michi und Ulli. Laß es Dir ruhig gefallen, wenn Dich Deine Gefährtinnen und Gefährten so rufen. Aber vergiß nicht, daß Du eigentlich Tobias heißt, und sei stolz darauf, daß Du so einen schönen Namen hast, dann wird es Dir gut gehen. Laß andere Leute dies und jenes für ein wertvolles, erstrebenswertes Gut erachten. Dein höchstes Gut, das Ziel Deines Lebens ist nicht etwas Käufliches, sondern Gott selbst. Alles, was in Wahrheit gut ist und gut tut, kommt von ihm. Mir kommt der französische Schriftsteller Jacques Lusseyran in den Sinn. Er hatte ein schweres Schicksal. Mit acht Jahren erblindete er in Folge eines Unfalls in der Schule. In seinen Lebenserinnerungen beschreibt er eine Erfahrung aus seiner Kindheit, die mit seinem vierten Geburtstag verknüpft ist. Da sieht er sich mit dem ganzen Glück des Geburtstagskindes durch die Straßen von Paris laufen, und in seinem Herzen singt und klingt es immerfort: »Ich bin Jacques und bin vier Jahre alt!« Möge es auch in Dir immer wieder so aufklingen und eine Welle der Freude Dich durchdringen, wenn Dich plötzlich diese so einfache Einsicht überwältigt: Ich bin Tobias!

Das wünscht Dir von Herzen

Dein ...

Ich habe meinen Namen
nie gemocht

Als Kind bin ich auf den Namen Ernst-Gottlieb getauft worden. Aber ich habe diesen Namen nie gemocht. Manchmal habe ich ihn geradezu gehaßt oder ich habe mich meines Namens geschämt. Meine beiden Großväter hießen Ernst beziehungsweise Gottlieb. Ich wollte, ich könnte diesen ungeliebten Namen loswerden ...

»Ich habe diesen Namen nie gemocht«. Es tut mir weh, wenn ich diesen Satz so von Dir höre. Ich spüre die Last, die Dir mit diesem ungeliebten Namen auferlegt ist. Dabei sollte ein Name doch eigentlich nicht eine Bürde sein, sondern eine Quelle der Inspiration, des Stolzes und der Freude! Ich kann mir vorstellen, wie unangenehm es für Dich ist, wenn Du nach Deinem Namen gefragt wirst. Seinen Namen aussprechen heißt doch, sich zu seinem Namen bekennen und darin Ja sagen zu sich selbst, zu seiner Art und Geschichte! Aber wie soll ein Mensch das tun, wenn ihm der eigene Name nicht behagt? Und wie peinlich ist die immer neue Erfahrung der Reaktion des Fragestellers, wenn er Deinen Namen hört, wenn seine Miene Befremden oder Mitleid, vielleicht sogar Spott verrät, kaum einmal jedoch Zustimmung und Verstehen. Ernst-Gottlieb! Und dann auch noch die stereotype Frage, ob mit oder ohne Bindestrich?

Es ist ja auch wirklich schwer, sich mit einem solchen Namen zu identifizieren. Da hilft es auch wenig, wenn ich Dir erkläre, daß der Name Ernst sich früher großer Beliebtheit erfreute. Es gibt ja auch eine ganze Menge bedeutender Träger dieses Namens: Der Philosoph Ernst Bloch, der Bildhauer Ernst Barlach, Herzog Ernst der Bekenner, Dichter wie Ernst Jünger. Die Alten wußten auch noch, daß Ernst eigentlich den meint, dem ein Anliegen ernst ist, also der Entschlossene und Beharrliche. Du aber hörst wie die allermeisten heute in dem Wort »ernst« nur etwas Strenges, dem Heiteren Entgegengesetzes, sozusagen ein Bekenntnis zur Humorlosigkeit. Und daß Deine Eltern mit Deinem Doppelnamen ein Stück Familienpolitik machen wollten, kann Dir auch nicht gefallen. Sie wollten wohl einmal die zerstrittenen, auseinanderstrebenden Familien, aus denen sie selbst kamen, durch eine solche Namengebung auf den Weg der Versöhnung führen. Aber ob Du Dich dieser guten Absicht einmal anschließen möchtest, das haben sie nicht gefragt. Und vor allem: Gottlieb! Du hast ja gar nichts gegen Gott und dagegen, daß ein Mensch ihn lieben soll. Aber muß man dies gleich im Namen tragen? Gottlieb, das klingt so altmodisch und frömmelnd. Und es zwingt so eigenartig, es läßt so wenig Freiheit zur eigenverantwortlichen Entscheidung. Ehe Du ernstlich darüber nachdenken konntest, ob Du ein Leben des Glaubens führen möchtest oder nicht, da warst Du schon der Gottlieb – festgelegt, gezeichnet, gebrandmarkt.

Du möchtest Deinen Namen loswerden. Ich werde Dir diesen Wunsch nicht ausreden. Nur ein wenig bremsen möchte ich, denn Deinen Namen kannst Du nicht wechseln wie eine Frisur, und darum will eine Namensänderung wohl bedacht sein. Aber einmal im Leben kann ein Mensch es tun, und wenn Du an Deinem Namen überhaupt keinen Geschmack finden kannst, dann mußt Du vielleicht sogar einen neuen Namen annehmen.

Aber wer bist Du in Wahrheit? Wie heißt Du denn in

Wirklichkeit? Es ist ja nicht so schwer, sich von einem falschen Namen, der absolut nicht zu einem passen will, zu trennen. Aber einen neuen Namen finden – wie soll das gehen? Ja, wie lautet Dein richtiger Name?

Denk einmal daran, wie Künstler sich neben ihrem bürgerlichen Namen noch einen besonderen Künstlernamen zulegen! Oder noch besser: wie Ordensleute beim Eintritt ins Kloster einen neuen Namen bekommen! Bei den Künstlern geht es ja manchmal nur darum, einen vielleicht klanglos-platten Namen durch einen klangvolleren zu ersetzen, der dem Publikum leichter eingeht, und so wird dann etwa aus Erich Kramer ein Erich-Maria Remarque (= Kramer rückwärts gesprochen und in französische Schreibweise gesetzt). Der neue Name der Ordensleute jedoch ist mehr. Er signalisiert eine Lebenswende. Da wird etwas Altes, Überlebtes abgelegt, etwas Neues beginnt, und mit der neuen Lebensgestalt stellt sich auch der neue Name ein. Vielleicht findest auch Du Deinen neuen Namen, Deinen eigentlichen Namen ganz ohne Mühe, wenn Dein Lebensweg eine entscheidende Wende nimmt.

Und noch ein kleiner Hinweis. Stell einmal Erkundigungen an, ob Du nicht eigentlich noch ganz anders heißen solltest. Überleg Dir einmal, wen Du danach fragen kannst. Denn nicht wenige Menschen haben einen zweiten Namen, von dem sie allerdings oft selbst nichts wissen. Es kommt nur selten vor, daß Vater und Mutter bei der Namengebung für ihre Kinder »ein Herz und eine Seele« sind. Manchmal hat sich der Vater mit seinem Namenswunsch durchgesetzt, ein andermal die Mutter. Oder Vater und Mutter haben schließlich einen Kompromiß geschlossen. Oder, als sich beide gar nicht einigen konnten, hat eine resolute Großmutter ein Machtwort gesprochen. Vielleicht war ja auch bei Dir, als sie Dich Ernst-Gottlieb nannten, noch ein anderer, ein schöner und sinnvoller Name im Gespräch?

Und wer bist Du für Deine Freunde und Freundinnen? Sagen sie immer Ernst-Gottlieb zu Dir? Oder haben sie sich auf das Problem Deines ungeliebten Namens längst einen eigenen Reim gemacht?

Zum Schluß noch ein kleiner praktischer Hinweis. Wer sich einen neuen Namen zulegen möchte, hat zwei Möglichkeiten. Entweder Du gebrauchst den neuen Namen in Familie und Freundeskreis und läßt den alten in Deinen Ausweisen so stehen, weil Du nun einmal standesamtlich so registriert bist. Aber vielleicht ist Dir das auch zu halbherzig, so daß Du nicht eher zur Ruhe kommst, als bis Dein Name auch auf dem Standesamt so eingetragen ist, daß Du Dich Deines Namens freuen kannst. Das ist in Deutschland allerdings eine schwierige und sehr kostspielige Prozedur. Aber wie auch immer die Suche nach dem neuen Namen bei Dir aussehen mag: Ich wünsche Dir, daß Du endlich fündig wirst und auf einen Namen stößt, der nach Klang und Bedeutung zu Dir paßt und etwas vom unverwechselbaren Wesen Deiner Person aufleuchten läßt, so daß das Bekenntnis »Mein Name ist ...« für Dich ein Ausdruck von Stolz und Lebensfreude ist.

Mein Geschlecht

Ich sollte eigentlich
ein Junge sein

Ich sollte eigentlich ein Junge sein. So war es der Wunsch meines Vaters. Mit meinen Puppen durfte ich nur heimlich spielen, weil mein Vater es nicht gerne sah. Meinen Berufswunsch – ich wäre gerne Kinderkrankenschwester geworden – konnte ich zu Hause nicht durchsetzen, und so bin ich Lehrerin geworden.

Heute geben sich die meisten Eltern, die ein Kind erwarten, sehr vernünftig. Fragt man sie, ob sie sich eher ein Mädchen wünschen oder einen Knaben, so antworten sie, es sei ihnen so recht, wie es kommt, wenn das Kind nur gesund zur Welt kommt. Schließlich kann der Mensch ja nicht durch Wünschen das Geschlecht seines Kindes beeinflussen. Aber unterschwellig und unbewußt ist doch viel Wünschen da, und so manchem Vater und mancher Mutter wird es am Ende schwer, sich damit abzufinden, daß das Kind nicht das erhoffte Geschlecht hat.

Merkwürdige Motive können dabei im Spiel sein. Noch immer spukt in manchen Köpfen die Vorstellung, das männliche Geschlecht sei höherwertig als das weibliche.

Ein Stammhalter muß es sein, in dem sich der Name fort-
pflanzt – obwohl unser Namensrecht diese Dinge ja inzwischen anders geordnet hat. Oder ein Ehepaar hat schon ein
oder mehrere Kinder, aber nun muß das Brüderchen unbedingt ein Schwesterchen bekommen, oder zu den schon
vorhandenen drei Töchtern muß zuguterletzt doch endlich noch ein Sohn kommen.

So mag auch Dein Vater seine Motive gehabt haben, als
er sich einen Jungen wünschte. Aber er hat sich wohl in all
seiner Klugheit wenig Gedanken darüber gemacht, wie töricht solche Wünsche sind. Vor allem aber hatte er offenbar
kein Gespür dafür, welche Last er Dir mit seinen Erwartungen auferlegte. Und offenbar war ihm auch in keiner
Weise klar, daß uns unsere Kinder allemal nur anvertraut
sind, Leihgaben Gottes für Vater und Mutter, und nicht
persönliches Eigentum, aus dem sich irgendein Verfü-
gungsrecht ableiten ließe.

Was Dein Vater Dir mit seinen Wünschen aufgenötigt
hat, ist ein ständiger Kampf gegen Deine Natur, und das
ist eine unglaubliche Sisyphusarbeit, eine törichte Ver-
schwendung kostbarer Energie. Nicht umsonst sagt das la-
teinische Sprichwort: Naturam expellas forca, tamen us-
que recurrit, zu deutsch: Die Natur magst Du mit der Mist-
gabel austreiben, am Ende wird sie doch immer zurück-
kehren.

Es sind ja auch zwei sehr bemerkenswerte Bereiche, in
denen Du unter dem Einfluß Deines Vaters nicht sein durf-
test, was Du bist: die Welt der Kinderspiele und die Welt
des Berufs. Ist das denn noch Spiel, wenn ich mein
Lieblingsspiel verstecken muß? Kann ich meiner Spiele
froh werden, wenn ein ständiger Zwang zur Heimlichkeit
mit im Spiel ist? Die Furcht, bei etwas nicht gerne Gesehe-
nem entdeckt zu werden, fügt dem Spiel unermeßlichen
Schaden zu. Spiel ist doch gerade eine Grunderfahrung
von Freiheit. Was ist ein Spiel, das ich spielen muß, während das Spiel meiner Wahl verboten ist?

Und vollends die Berufsentscheidung! Es gab eine lange Zeit, in der Väter über die Berufswahl ihrer Kinder verfügten. In manchen Völkern mit einer streng hierarchischen Gesellschaftsordnung und mit entsprechenden ökonomischen Bedingungen ist das auch heute kaum ein Problem. Aber wo immer Menschen einmal entdeckt haben, daß wir zur Freiheit und zu verantwortlichem Entscheiden bestimmt sind, da muß gerade die Berufswahl ein Inbegriff eigenverantwortlicher Selbstbestimmung sein.

Leben wir nur dazu unser Leben, damit die verständlichen oder auch törichten Wünsche unserer Eltern in Erfüllung gehen – wo bleiben Freiheit, Abenteuer und Risiko? Du bist nicht dazu da, Deinen Eltern Freude zu machen, sondern es ist Dein Leben, das Du leben sollst. Deine Glückserfahrungen und Deine Kümmernisse, Deine richtigen Entscheidungen und Deine Fehler sind es, die Dein Leben ausmachen. Dein Glück steht auf dem Spiel und Deine Freude, und Du hast ein Recht auf Freude, so wie Du ein Recht auf Leben hast.

Aber wie war es in Deiner Geschichte? Hast Du Dich gegen die unangemessenen Erwartungen Deiner Eltern nie gewehrt? Welche Erlebnisse kommen Dir da in den Sinn? Es gab doch sicher manchen Versuch, der Übermacht zu trotzen! So schnell fügt sich niemand in sein Schicksal. Freilich, in jenen Jahren bist Du der Übermacht des elterlichen Willens erlegen. Aber muß das auch heute noch so sein? Läßt sich die Entscheidung zur Fügsamkeit nicht revidieren? Bist Du doch heute stärker als in jenen Jahren, da die Auseinandersetzung schnell – vielleicht zu schnell – aussichtslos erschien?

Es geht ja auch nicht um etwas Nebensächliches. Die Frage, ob ich mit meinem Mann-Sein respektive Frau-Sein einverstanden bin, ist eine Schlüsselfrage. Sie will auch nicht mit dem Kopf beantwortet sein, sondern mit dem Herzen. Sie meint nicht ein resigniertes Sich-Fügen in das Unvermeidliche, sondern ein mutiges Wahrnehmen und

Ergreifen von Chancen. Und es genügt auch nicht, ein grundsätzliches Ja zum eigenen Geschlecht zu finden. Das grundsätzliche Einverständnis will sich konkretisieren in vielen einzelnen Aspekten, im Ja zur besonderen körperlichen Gestalt, im Ja zu den je eigenen Rhythmen meines Körpers, im Ja zu seinen Möglichkeiten wie zu seinen Grenzen, im Ja zu allen Organen meines Körpers, gerade auch in ihrer geschlechtsbedingten Besonderheit, und im Ja zu den seelischen und geistigen Strukturen und Eigentümlichkeiten, die das Frau-Sein oder Mann-Sein mit sich bringt. Du kannst Deines Lebens nur als Frau froh werden, und wer immer Dir das Frau-Sein verleiden will, verleidet Dir das Leben. Laß es Dir nicht gefallen!

Freilich: Ganz streng geschieden sind die Geschlechter, wie wir heute wissen, nicht. Zu jedem Mann gehören weibliche Charakterzüge, die es zu bejahen und in die Gesamtpersönlichkeit zu integrieren gilt. In entsprechender Weise soll es auch im Leben der Frau nicht an männlichen Eigenschaften fehlen. Aber diese Beobachtung meint ein Korrektiv, das ein Gegengewicht gegen jede falsche Polarisierung der Geschlechter darstellt. Grundsätzlich aber gilt, daß Menschsein und Menschlichkeit uns nicht an sich gegeben und aufgegeben sind, sondern sich immer sofort konkretisieren und differenzieren in Weiblichkeit und Männlichkeit. Darum schließt das Ja zum Menschsein die Annahme Deiner selbst, die Annahme Deiner geschlechtlichen Besonderheit in sich.

Meine Gaben

Du
bist begabt!

Meine Mutter hat uns nie gelobt. Bis heute kann ich es schlecht ertragen, wenn mir jemand ein Wort der Anerkennung sagt. Ich kann mir gar nicht vorstellen, daß ein Mensch, der mich lobt, es ernst meint, und nicht ein elender Schmeichler ist.

Ja, so geht es in vielen Familien. Der Grundsatz lautet: Man darf die Kinder nicht zu häufig loben, sonst werden sie am Ende hochmütig. Manche Menschen halten es aus solchen Gründen sogar für gut, ihre Kinder grundsätzlich nicht zu loben. Tadeln muß man sie wegen jeder Ungezogenheit, wegen jeder Nachlässigkeit und jedem Fehler, und sei er noch so klein. So scheint es auch in der Kirche eine verbreitete Devise zu sein: nie darf der Pfarrer sich mit seiner Gemeinde zufrieden zeigen. Im Gegenteil: theologische Kunstfertigkeit findet selbst da, wo etwas eigentlich ganz gut gelungen ist, immer noch etwas auszusetzen. Gerade auch in den besten Taten eines Menschen steckt soviel Sündiges, und dies gilt es aufzudecken und anzugreifen.

Aber was bei solchen Grundsätzen am Ende herauskommt, ist in der Regel nicht die Überwindung von Hochmut und Eitelkeit, sondern Kleinmut und Depression. Warum fürchten so viele Eltern, ihre Kinder könnten hochmütig werden, während die Gefahr möglichen Kleinmuts nur von wenigen ernst genommen wird?

Du bist in einer Welt groß geworden, in der Du die Erfahrung, gelobt zu werden, kaum richtig machen konntest. Und es waren sicher nicht nur die Worte der Anerkennung, die Dir gefehlt haben. Es ist ja die ganze Atmosphäre, die jeder Freude an eigenem Können und Geschick, an Erfolg und Leistung feindlich gesonnen ist. In solcher Atmosphäre kann das Einfachste und Natürlichste nicht gedeihen: daß ein Mensch sich freut, wenn ihm etwas geglückt ist, so daß er nun auf das Geschaffte stolz ist. Du sagst, es sei Dir unerträglich, wenn Du gelobt wirst. Aber ich muß bei der Wahrheit bleiben, und die Wahrheit ist nun einmal, daß Du begabt bist. Ja, Du bist begabt, und ich bitte Dich, um des Himmels willen, laufe vor dieser Wahrheit nicht davon! Halte ihr doch einmal stand und laß Dir in Demut gefallen, was ich Dir sage: Du bist begabt. Du bist sogar sehr begabt, hochbegabt. Das sage ich nicht, weil ich Dich vor anderen auszeichnen und Dich zu der elenden Vergleicherei mit anderen einladen möchte. Nein, so wahr Du ein Mensch bist, so wahr ist es, daß Du hochbegabt bist. Und glaub es mir bitte, je mehr ich Dich wahrnehme, desto mehr nehme ich diese Begabung wahr und freue mich daran. Magst Du Dich nicht ein wenig mit mir freuen?

Vielleicht willst Du wissen, welche Begabungen es sind, die ich Dir zuschreibe. Nun, zuerst denke ich nicht an etwas Bestimmtes, an das, was die Leute für gewöhnlich eine Gabe oder Begabung nennen. Zuerst steht mir vor Augen, daß Du selbst als Person eine Gabe bist, ein Geschenk für alle, die dir nahekommen. Nicht erst irgendein Können rechtfertigt den Satz »Du bist begabt«, sondern die bloße Tatsache, daß Du Mensch bist und Menschenantlitz trägst.

Der Kabarettist Hanns Dieter Hüsch sagt es in einem seiner Texte so treffend: »Mensch genannt welch schöner Name!«

Ich weiß nicht, ob Du mit Deinen Eltern reden kannst. Vielleicht gibt es ja mal einen glücklichen Augenblick, dann laß Dir von Deinen Eltern erzählen, wie es war, als Du geboren wurdest. Ich hoffe, Du erfährst dann etwas von einer vielleicht sogar einzigartigen Freudenstunde, als es hieß: Unser Kind ist da! Wir haben ein Kind bekommen! Warst Du da nicht für Deine Eltern das größte, das schönste, das wunderbarste Geschenk, das man denken konnte? Und sollte diese Grunderfahrung der Freude über Dich nichts weiter sein als eine Besonderheit nur der ersten Lebenstage? Sollte diese Freude vielleicht auf einem wahnsinnigen Irrtum beruhen, den man sich endlich eingestehen sollte? Nein, die Freude jener Stunde, die die Stunde Deiner Geburt war, ist unzerstörbar und sie ist und bleibt gültig. Sie ist das Wichtigste, was je über Dein Leben gesagt wurde: Uns ist ein Kind geschenkt! Du bist uns geschenkt!

Und es gibt auch heute viele Menschen, die sich an Dir freuen. Wahrscheinlich sind es viel mehr, als Du denkst. Vielleicht sollten sie es Dir öfter sagen. Sie sollten es Dich mehr spüren lassen, daß sie es gerne haben, wenn Du dabei bist. Aber vielleicht trauen sie sich nicht, Dich so anzusprechen. Sie wissen ja aus Erfahrung, daß Du mit solchen Äußerungen noch nicht gut umgehen kannst und Dich gegen sie wehrst wie gegen einen Angriff.

Erst wenn dies einigermaßen klar ist, mag ich auch auf einzelne Gaben zu sprechen kommen, die Du empfangen hast. Aber noch einmal sei es gesagt: Nicht erst durch bestimmte Fähigkeiten wirst Du mir wertvoll, und ich mag Dich nicht bloß deswegen, weil Du so wunderschöne Tonfiguren machst und so herrliche Blumengestecke herrichten kannst. Es könnte ja sein (was ich nicht hoffe!), daß Dir dieses Können einmal abhanden kommt. Meine Zuneigung zu Dir stünde auf schwachen Füßen, wenn sie weiter nichts wäre als ein selbstisches Genießen oder gar Ausnutzen Deiner Kunstfertigkeiten. Aber nun habe ich die Katze wenigstens an einer Stelle aus dem Sack gelassen, als ich die Tonfiguren erwähnte. Wie freue ich mich an der Hingabe und Sorgfalt, mit der Du sie fertigst! Was sind das für Hände, die das Material so zu formen wissen! Und wieviel Leben steckt in Deinen Figuren! Das Material, der lackierte Ton, ist doch eher hart und glatt und unlebendig. Aber wenn ich die Ente betrachte, die Du mir einmal geschenkt hast, dann denke ich immer, Du hast ihr etwas von Deiner eigenen Lebendigkeit gegeben. Nein, das ist kein toter Gegenstand, sondern etwas Quicklebendiges, das da auf meinem Fensterbrett schwimmt.

Kannst Du dieses Echo Deines eigenen Tuns verstehen? Ist diese Wahrheit wirklich unerträglich? Und sei bitte einmal ganz ehrlich: Spürst Du nicht unter all den abwehrenden Gebärden, die es Dir verbieten, Dich an einem solchen Echo zu freuen, ein ganz kleines Flämmchen, die Sehnsucht, die danach verlangt, daß sich der Kreis schließt, indem Dein eigenes Werk in der Freude dessen, der es aus Deinen Händen empfangen hat, zu Dir zurückkehrt? Ist es nicht am Ende doch schön, wenn Dir jemand dankt? Du möchtest es lernen, Dich selbst anzunehmen, zu Dir selbst Ja zu sagen. Du kannst dies Ziel nicht erreichen, wenn Du Dich nicht zunächst darin übst, dies Einfache auszuhalten, daß jemand Dir zurückspiegelt, daß Du ihr oder ihm nicht egal bist.

Aber, so fragst Du, muß ich nicht doch darauf achten, daß ich auf diese Weise nicht dem Hochmut verfalle? An dieser Stelle sehe ich einstweilen keine Gefahr. Wenn Du über solche Möglichkeiten nachdenkst, gleichst Du einem Menschen, der in einem tropischen Land lebt und dort vor allem die Sorge nährt, vielleicht nicht warm genug angezogen zu sein. Nein, an dieser Stelle sehe ich keine Gefahr. Und wenn sie irgendwann doch einmal aufkommen sollte, dann werden schon Stimmen da sein, die Dich ernstlich warnen. Im übrigen, wenn Du Dir die Lebensgeschichte wirklich hochmütiger Menschen anschaust, wirst Du herausfinden, daß ihre Eitelkeit schwerlich etwas damit zu tun hat, daß ihnen zuviel Anerkennung zuteil geworden ist.

Doch ich merke, die Reihe Deiner Einwände ist noch nicht erschöpft. Ist es bei mir – so fragst Du – für solche Lernprozesse nicht viel zu spät? Wie soll ich mich im Alter von gut sechzig Jahren noch umstellen? Es gibt ja ein Sprichwort, und das sagt: »Was Hänschen nicht lernt, lernt Hans nimmermehr.« Ich denke, das ist ein sehr fragwürdiges Sprichwort. Es mag ja ein Körnchen Wahrheit in sich haben, und die Erfahrungen, denen es sich verdankt, will ich nicht rundweg bestreiten. Aber es ist eigentlich ein schlimmes Wort, zumal wenn es mutlos macht oder wenn es uns da zur Rechtfertigung dient, wo wir uns dem Leben verweigern. Nein, es ist unglaublich, wieviel ein Mensch lernen kann, auch wenn die Zeit, da alle ›Konnie‹ zu Dir sagten, längst vorbei ist und der eigentliche Name ›Cornelia‹ die kindliche Namensform verdrängt hat. Ja, das gehört zum Erstaunlichsten bei uns Menschen, daß uns bis ins hohe Alter wunderbare Möglichkeiten des Lernens, des Umlernens, des Nachreifens gegeben sind. Gewiß, dieses Potential ist nicht unbegrenzt, aber in aller Regel wird es gewaltig unterschätzt. Es ist immer schön, wenn sich diese Möglichkeiten bei einem Menschen durchsetzen, so daß etwas, was er oder sie sechzig Jahre lang nicht gekonnt hat, plötzlich doch gelingt. Nicht nur in Obstplantagen und Weingärten gibt es so etwas wie eine Spätlese, und die späten Früchte sind oft die süßesten.

Noch eine kleine Bemerkung zum Schluß: Sich von jemand anders sagen zu lassen, wo meine Begabungen stecken, ist eine Möglichkeit. Eine zweite besteht darin, daß Du selbst auf Entdeckungsreise gehst. Das ist wirklich eine abenteuerliche Fahrt, und so manche, die diese Fahrt unternimmt, setzt ihren Fuß auf Neuland. Also: Rüste Dein Schiff, setze Segel und laß Dich von einem günstigen Wind aufs weite Meer hinaustragen und fang an, Deine eigenen Entdeckungen zu machen in dem wunderbaren Reich Deiner Möglichkeiten und Begabungen.

Meinem Vater
konnte man nichts recht machen

Nichts, aber auch gar nichts, konnte man meinem Vater recht
machen. Er hatte an allem etwas auszusetzen. Vor seinen kriti-
schen Augen konnte nichts bestehen. Und wenn es in einer
Sache nur einen einzigen Fehler gab, er fand ihn sofort. Seine
Zornesausbrüche und Beschimpfungen bei solchen Anlässen
machen mir noch heute zu schaffen.

Das ist eine schlimme Sache. In manchen Familien spielen sich Tragödien ab, wenn der Vater in solcher Weise an allem herumnörgelt und Frau und Kinder mit seinen
Ausbrüchen tyrannisiert. Wieviel Angst und Zittern stell-
ten sich ein, wenn die Schularbeiten kontrolliert wurden!
Was für ein Drama konnte es sein, wenn es galt, die väter-
lichen Aufträge zu kleineren oder größeren Hilfeleistun-
gen in Haus und Garten zu erfüllen! Und wie unheimlich
war es, wenn man dem Vater bei irgendeiner Arbeit Hand-
langerdienste zu leisten hatte! Er machte immer alles richtig, und man selbst machte alles notorisch falsch. Das Urteil, »zu dumm zum ...« zu sein, fraß sich tief in Bewußtsein und Gemüt.

Und heute? Die Erfahrungen, von denen Du sprichst,
liegen gut und gern zwanzig Jahre zurück und sind doch
nicht vergangen. Sie haben Dich in manchen Bereichen
Deines Lebens mutlos gemacht. Und seit Dein Vater vor
einigen Jahren starb, hast Du selbst seine Rolle übernom-

men, und heute bist Du der schlimmste Kritiker dessen, was Du tust. Maßlos und unerbittlich bist Du gegenüber Deinem eigenen Tun, und gnadenloser als Du Dich behandelst, kann ein Mensch kaum mit sich umgehen. Du hast keinen Blick dafür, wenn das Leben Dir einmal freundlich zulächelt. Deine Religion ist ein treues Spiegelbild Deiner Erfahrungen. Der Gott, an den Du glaubst, gleicht eher einem Staatsanwalt, einem Chefankläger, als daß er die Züge des wahren, lebendigen Gottes trüge.

Gewiß, Du hast auf Deinem Weg bittere Erfahrungen gemacht, und sie haben Dich, Dein Verhältnis zum Leben, zur Welt und vor allem zu Dir selbst geprägt. Aber jetzt wird eine neue Lektion in Deiner Lebensgeschichte aufgeschlagen. Der Stoff, den es jetzt zu lernen gilt, läßt sich in einem Satz zusammenfassen: Dein Vaterhaus ist nicht die Welt. Als Du klein warst, sah das anders aus. Da galt schon mit guten Gründen die Einsicht: Mein Vaterhaus ist nicht nur meine Welt, sondern die Welt schlechthin. So wie sich Dir das Leben dort zeigte, so war das Leben eben. Aber jetzt ist es Zeit für die Einsicht: Was Du damals erfahren hast, war nur ein Ausschnitt aus dem großen Ganzen, ein vielleicht ganz wichtiger Ausschnitt, aber auf keinen Fall für das Ganze repräsentativ. Und darum sind auch die Verhaltensweisen, die Strategien, die Du Dir damals angeeignet hast, zwar für die kleine Welt Deines Vaterhauses angemessen gewesen, dem Leben aber, wie es wirklich ist, werden diese Muster nicht gerecht. Das Leben ist anders, größer, weiter, heller, freundlicher als die düstere, von ewiger Unzufriedenheit erfüllte, humorlose Welt von damals. Jetzt ist Zeit für neue Erfahrungen und Eindrücke. Was für Erfahrungen? Für die Erfahrung, daß die Welt nicht untergeht, bloß weil Dir wieder einmal etwas mißlungen ist. In der Bibel gibt es ein überaus kühnes Wort Jesu, dessen Tragweite auch die meisten Sachkundigen noch kaum ermessen, weil es eigentlich eine weltanschauliche Revolution darstellt. Vielleicht hast Du es einmal gehört, dies Wort von der Sonne, die Gott über Böse und Gute aufgehen läßt, und vom Regen, der zwischen Gerechten und Ungerechten keinen Unterschied macht. Manchmal kommt es mir geradezu schwindelerregend vor, dieses Wort. Daß Sonne und Regen nicht fragen. ob Du Dir auch die Hände gewaschen hast, ob Du eine »2« oder eine »4« geschrieben hast, ob Du die Milch verschüttet hast oder nicht! Ja, aber wo kommen wir denn hin, wenn das so ist?, wird der Moralist fragen. Und ich werde ihm stracks antworten: ins Paradies! In eine Welt, wo Menschen sich wieder fröhlich bewegen können, wo sie gehen und laufen, tanzen und springen, weil sie nicht mehr durch die Angst, etwas falsch zu machen, gelähmt sind. Für manche Menschen bricht bei solchen Aussichten eine Welt zusammen. Für andere – und ich hoffe, Du gesellst Dich zu ihnen – wird das Leben hier endlich wieder lebenswert.

Du kannst das Wort der Bibel übrigens vielfach variieren: Auch der Erdboden, die Schwerkraft, die Dich trägt, stellt Dir keine Fragen von der Art, die Dir das Leben manchmal zur Hölle gemacht haben. Und die Amsel, die vor Deinem Fenster ihr Abendlied singt, stellt ihren Gesang auch nicht ein, wenn sie Dich bei einem Fehler ertappt. Und der Brunnen in Deinem Garten, dessen leises Rauschen Du so liebst, versiegt nicht, bloß weil Du wieder einmal vergessen hast, das Licht auszumachen, oder mit einer Arbeit nicht pünktlich fertig geworden bist. Aber ich habe schon fast zu viele Beispiele gegeben. Es ist Zeit, daß Du Dich aufmachst, um Deine eigenen Entdeckungen zu machen.

Ich möchte jedoch noch etwas anderes sagen, was die Moralisten aller Zeiten nicht einsehen wollen. Manchmal ist es gut, wenn ein Mensch es lernt, Fehler zu machen, denn sonst lernt er nichts. Das Erlernen einer Sprache kann uns als Modell dienen. So mancher kommt bei diesem Geschäft trotz guter Sprachbegabung nicht richtig voran, weil er sich einfach nicht traut, etwas zu sagen, das vielleicht nicht ganz richtig ist. Lieber gar nichts sagen als etwas Falsches sagen!, so lautet die Devise. Und ein anderer, dem solche Hemmungen fremd sind, kommt trotz geringerer Begabung gut voran, weil ja gerade die Fehler die Chance eröffnen, etwas dazuzulernen.

Das Modell des Sprachelernens kann uns noch einen anderen Aspekt unseres Problems zeigen: Fehler ist nicht gleich Fehler. Vielleicht hilft es Dir auch, mit Deinen Fehlern etwas freundlicher umzugehen, wenn Du es lernst zu differenzieren. So mancher Christ muß sich den Vorwurf gefallen lassen, daß seine Neigung, auf alles Mögliche das eine Wort »Sünde« anzuwenden, der Vielfalt der Erscheinungen überhaupt nicht entspricht. Fehler können je nach der Art ihrer Beschaffenheit und ihrer Ursachen sehr verschieden sein und verlangen nach differenzierten Konzepten, wenn es darum geht, sie zu vermeiden oder zu überwinden. Da gibt es beispielsweise die Anfängerfehler, die aus mangelnder Übung und Erfahrung resultieren. Daneben stehen Flüchtigkeitsfehler, die in ungenügender Aufmerksamkeit begründet sind. Manche Fehler haben schlimme Folgen, manche nicht. Manche lassen sich leicht korrigieren, manche nur unter Schwierigkeiten und manche gar nicht. Manche Fehler werden aus Angst gemacht. Manche Fehler sind wirklich gemein, Ausdruck von Böswilligkeit und Charakterlosigkeit. So manche Fehler, gerade bei Kindern oder Lernenden, beruhen darauf, daß Eltern oder Lehrer die Sache schlecht erklärt haben, sind also in Wirklichkeit eher dem Erzieher anzulasten als dem unbedarften Kind. Wieder andere Fehler haben etwas zu tun mit fehlender körperlicher und seelischer Frische, im Zustand der Übermüdung geht wesentlich mehr daneben als sonst.

Nicht vergessen möchte ich eine ganz spezielle Sorte von Fehlern: Fehler, die uns menschlich machen, weil sie unser Werk vor der kalten und sterilen Vollkommenheit des Perfektionismus bewahren. Wie dankbar bin ich für so manchen Druckfehler! Es gibt Bücher von grimmiger Humorlosigkeit, bei denen der Leser nichts zu lachen hat, es sei denn er stößt auf die Stelle, wo der Autor vom »tiefgekühlten Schmerz« schreibt oder wo aus den »Engelehen« im Buche Genesis schlicht und einfach »Engelchen« geworden waren. Und, last but not least, immer wieder erweist sich die Angst, einen Fehler zu machen, als höchst ergiebige Fehlerquelle. So magst Du es lernen, daß das Leben bei weitem nicht so humorlos ist, wie Dein Vater es vielleicht mitunter war, und lernst hoffentlich auch etwas von dem Maß an Freundlichkeit im Umgang mit Dir selbst, das das Leben Dir bestimmt hat und das Dir zuträglich ist.

Spieglein, Spieglein,
an der Wand ...

In unserer Familie gab es nur eine Devise: »Du darfst erst dann
zufrieden sein, wenn du der Beste bist«.

Ja, so wurde es immer wieder gesagt, und so stand es als
ungeschriebenes Gesetz über Deinem Leben: nur die ab-
solute Spitzenposition gilt, alles andere zählt nicht.

Viele Menschen leben nach dieser Devise, und es scheint
so, als gewinne sie in unserer Gesellschaft immer mehr An-
hänger. Je mehr alle Leistungen meßbar werden, um so
besser läßt es sich rechnen. Heimliche Bibel vieler Zeitge-
nossen ist das Guinness-Buch der Rekorde, dort einmal
Aufnahme zu finden der große Traum, und sei es mit etwas so Absurdem wie dem neuen Weltrekord im Unter-
wasser-Schachspielen. Überall werden die Statistiken auf-
gemacht, und neben den Hitlisten der Pop-Musik oder den
Bestseller-Listen im Buchhandel gibt es viele andere Rang-
ordnungen, mit deren Hilfe sich das fatale Spiel spielen
läßt.

Aber vielleicht lauschst Du einmal in Dich hinein: Hast
Du wirklich keine größere Sehnsucht als die, alles am besten zu können? Und diejenigen, die Dir diesen Grundsatz
eingebleut haben, waren sie so arm, daß sie nichts Schöne-
res kannten als den höchsten Platz auf dem Treppchen zu
besteigen, von dem aus man auf die anderen herabschau-
en kann? Ist es nicht schrecklich, wenn Menschen das Le-

ben mit seiner unendlichen Fülle an Möglichkeiten auf dieses eine Ziel reduzieren müssen? Unter den Grimm'schen Märchen gibt es eins, das die Schrecknisse eines Lebens unter einer solchen Devise sehr eindrucksvoll veranschaulicht. »Spieglein, Spieglein an der Wand – wer ist die Schönste im ganzen Land?«, so lautet die tägliche Litanei der bösen Stiefmutter, und auch heute leben unzählige Menschen ihrem Spruch nach. Unglaublich ist die Fülle der dabei möglichen Variationen: Spieglein, Spieglein an der Wand, wer hat das teuerste Auto im ganzen Land? Und wer hat wohl das klügste Kind? Das schönste Haus? Den originellsten Hund? Wer spielt am besten Tennis? Wer kann am schönsten singen? Wer hält die besten Predigten? Wer klopft die markigsten Sprüche? Und immer ist es das gleiche Elend: Alle anderen Menschen werden auf diese Weise zu Konkurrenten, die es auszustechen gilt. Und dummerweise gibt es immer ein Schneewittchen, das besser kocht, schöner angezogen ist, erfolgreichere Kinder hat und – und – und.

Und das soll Leben sein? Und das soll Dein Leben sein? Denkst Du so gering von Dir, daß Du Dich auf die Dauer in dieses Schema pressen läßt? Weißt Du noch, wie das Märchen die böse Stiefmutter charakterisiert? Ich kann mir keine bessere Schilderung der Seelenqualen solcher Spieglein-Anbeter vorstellen. Da heißt es: »Da erschrak die Königin und ward gelb und grün vor Neid. Von Stund an, wenn sie Schneewittchen erblickte, kehrte sich ihr das Herz im Leibe herum, so haßte sie das Mädchen. Und der Neid und Hochmut wuchsen wie ein Unkraut in ihrem Herzen immer höher, daß sie Tag und Nacht keine Ruhe mehr hatte.« Und weiter: »Solange sie nicht die Schönste war im ganzen Land, ließ ihr der Neid keine Ruhe.« Und: »Als sie das hörte, lief ihr alles Blut zum Herzen, so erschrak sie«. »Als sie den Spiegel so reden hörte, zitterte und bebte sie vor Zorn.« Und schließlich: »Und ward ihr so angst, so angst, daß sie sich nicht zu lassen wußte.« Fürwahr, ein elendes Leben! Angstzustände, Herzbeschwerden und vor allem eine permanente Unruhe. Soll das das Gesetz sein, nach dem Du leben möchtest? Und kann so eine Gemeinschaft existieren, wenn jeder jede und jeden nur als Rivalen und Feind erlebt? Wie ernst die Sache ist, zeigt die Geschichte von Schneewittchen nur zu deutlich.

Spieglein-Anbeter kennen keine Gnade. Nie und nimmer können sie den Stärkeren, den Tüchtigeren ertragen, wobei es keine Rolle spielt, ob der andere sich tatsächlich mehr leisten kann oder ob es nur so scheint. Konkurrenz muß ausgeschaltet werden. Das Leben ist nicht ein Spiel, das wir miteinander spielen, sondern tödlicher Ernst, bei dem es darum geht, die Mitspieler zu beseitigen. Es lohnt sich, bei dieser Gelegenheit für einen Augenblick die persönliche Zuspitzung dieser Gedanken zu verlassen und den politischen Aspekt hervorzukehren: Hat das Stiefmuttergebet nicht in der jüngsten Geschichte unseres eigenen Volkes eine verhängnisvolle Rolle gespielt? Und haben wir aus den schrecklichen Erfahrungen, die wir machen mußten, wirklich etwas gelernt? In wie vielen Häusern hängt das Spieglein immer noch an der Wand?

Aber zurück zu Dir: Wie lange willst Du noch mit dem »Spieglein« leben? Wie lange willst Du Dich noch von ihm terrorisieren lassen? Kannst Du es nicht endlich abhängen? Und am besten nicht nur abhängen, sondern zertrümmern! Nicht einmal für den Sperrmüll taugt es, nein, in den Sondermüll gehört es, zu den Giftstoffen, die man nicht fahrlässig beseitigen darf.

Was aber soll an die Stelle der Spiegel-Litaneien treten? Der beglückende und zuweilen auch erschreckende Blick auf die eigenen Möglichkeiten. Denn wenn am Ende das Urteil über unser Leben gesprochen wird, gibt es nur einen Maßstab, und der bist Du selbst mit Deinen höchstpersönlichen Möglichkeiten. Was Du mit ihnen gemacht hast, das ist dann die einzige Frage. Es gibt in der Bibel ein Gleichnis, das genau diesen Punkt anspricht (Matthäus 25,14-30).

Da erzählt Jesus von drei Knechten, denen ihr Herr einen je verschiedenen Geldbetrag anvertraute. Und am Ende lautet die Frage: Was hast Du mit dem Dir Anvertrauten gemacht? Und der dritte Knecht, den das vernichtende Urteil seines Herrn trifft, wird nicht deswegen getadelt, weil er nicht soviel gewonnen hat wie seine Kollegen. Nein, da gibt es keinen Seitenblick.

Vielleicht erschrickst Du angesichts eines solchen Maßstabs. Aber Du wirst sehen: bei Lichte betrachtet ist er viel freundlicher und menschlicher als die in Wahrheit gnadenlose Vergleicherei. Denn nie wird die Königin Schneewittchen an Schönheit übertreffen, aber wenn ihr einer sagt, daß dies auch gar nicht nötig ist – könnte das nicht eine großartige Erleichterung für die arme Frau sein? Würde eine solche Botschaft sie nicht mit einem Schlage von all den selbstverursachten Qualen befreien? Ihr Leben könnte doch endlich schön werden, wenn sie den Zwang, schöner als Schneewittchen sein zu müssen, loswerden könnte!

Aber ich muß noch einmal auf das biblische Gleichnis zurückkommen, denn für viele Menschen verbindet sich mit dieser Geschichte eine böse Falle. Sie finden sich selbst in der Rolle des dritten Knechts wieder. Sie sehen sich selbst als Versager, über die das schreckliche Urteil ergeht, das den »unnützen Knecht« in die Finsternis verdammt. Wer hat denn den Mut, sich selbst mit seiner Lebensgeschichte in der Gestalt des ersten oder zweiten Knechts wiederzufinden, die das Ziel erreichen und von ihrem Herrn Lob und Anerkennung empfangen? Fatalerweise gilt es ja sogar als Zeichen wahrer Frömmigkeit, wenn man das eigne Dasein als ein einziges großes Versagen hinstellt. Aber ist es nicht besser, die Frage der Einstufung einer objektiveren Instanz zu überlassen als mir selbst, der ich doch nur ein befangener Richter sein kann? Zwischen Selbstrechtfertigung und Selbstverurteilung besteht nur ein sehr geringfügiger Unterschied. Und warum erzählt

Jesus das Gleichnis so, daß immerhin zwei von dreien, also die größere Hälfte, aus seinem Leben etwas macht und damit der Erwartung entspricht, die das Leben an uns stellt? Und der dritte Knecht – was ist eigentlich sein Problem? Seine Worte zeigen, daß er das Leben total verkannt hat: »Herr, ich wußte, daß du ein harter Mann bist; du schneidest, wo du nicht gesät hast, und sammelst, wo du nicht ausgestreut hast; und ich fürchtete mich, ging hin und verbarg deinen Zentner in die Erde.« Wie kann ein Mensch so sprechen, dem doch gerade ein überwältigendes Vertrauen zuteil geworden ist, der einen Millionenbetrag (Talent!) empfangen hat! Und es waren ja auch keine großen Kunststücke, die von ihm erwartet wurden. Schon der einfache Weg zur Bank, die Eröffnung eines Kontos mit einem vernünftigen Zinssatz wäre genug gewesen.

Ethischer Rigorismus verlangt den Menschen am liebsten unerfüllbare Superleistungen ab, dabei fordert das Leben zunächst eher ganz einfache Dinge von uns, nämlich Treue im Tun des Selbstverständlichen. So wird deutlich, wo der eigentliche Fehler des dritten Knechtes liegt. Sein Problem ist der mangelnde Realitätssinn. Er fühlt sich ständig überfordert und sieht nicht, wie unglaublich reich das Leben ihn ausgestattet hat. Aber damit würde wohl jede »Wende« beginnen müssen: mit dem Freiwerden des Blicks für die Fülle der sich bietenden Chancen und mit der Freude daran, daß das Leben ein Vertrauen zu uns hat, das unser eingefleischtes Mißtrauen, mit dem wir uns selbst immer wieder begegnen, allemal beschämt.

Mein Körper,
mein Aussehen

Mutprobe vor dem Spiegel

Mein Tag beginnt eigentlich immer schon mit einer Katastrophe. Der morgendliche Blick in den Spiegel ist immer wieder ein Angang für mich.

Ja, das glaube ich. Nicht weil ich meine, daß Du besonders häßlich aussiehst und Dich vor Dir selbst verstecken müßtest. Nein, einfach deswegen, weil es vielen Menschen so geht, und unter ihnen sind nur sehr wenige, bei denen man sofort versteht, warum ihnen der Blick in den Spiegel so schwer fällt.

Für manche Menschen erledigt sich das Problem auf ganz einfache Weise, ja, ich denke, auf zu einfache Weise. Für sie ist der Spiegel ein nützliches Werkzeug, das ihnen helfen muß, den Scheitel gerade zu ziehen oder die Wimperntusche richtig aufzutragen oder sich beim Rasieren nicht zu schneiden. Sie schauen nicht länger in den Spiegel, als es für solche Zwecke unbedingt notwendig ist, und nehmen sich selbst dabei kaum richtig wahr. Anders ist es, wenn jemand auch nur ein wenig länger sich selbst ins Gesicht schaut. Dann wird der Blick in den Spiegel leicht zu einer Mutprobe. Da kämpft jemand grimmig mit seinen Haaren, die sich nicht nach Wunsch legen wollen – und gibt den Kampf schließlich entmutigt auf. Eine andere ist mit ihren Augen unzufrieden, wieder einem anderen ist ein Knick in der Nase Quelle immer neuen Ärgernisses. Ganz besonders schwierig kann es mit der Haut sein: Farbe, Teint, Pickel – wer ist da schon ganz glücklich mit sich selbst? Und über allen Einzelheiten steht der Gesamteindruck. Kannst Du Dich freundlich und unverkrampft anlächeln?

Matthias Claudius hat ein hübsches Lied geschrieben, dessen erste Strophe man sich buchstäblich hinter den Spiegel stecken sollte, denn da gehört der Text hin:

> Ich danke Gott und freue mich
> wie's Kind zur Weihnachtsgabe,
> daß ich bin und daß ich dich,
> schön's menschlich Antlitz, habe!

Daß ich bin! Wer dieses Wunder immer neu mit Staunen, Freude und Dankbarkeit wahrnehmen kann, lebt nicht im Zwiespalt mit sich selbst. Er oder sie ist mit sich selbst im Reinen, im Lot. Aber wie schwer ist so eine Haltung vor dem Spiegel durchzuhalten! Der Spiegel zeigt uns allerdings oft auch deutlich, wie sehr wir an Äußerlichkeiten hängen. Das soll freilich nicht bedeuten, daß wir es uns leisten könnten, das Äußerliche abzuwerten. Daß etwas »nur« äußerlich, »nur« körperlich sei, signalisiert eine bedenkliche Mißachtung der leiblichen Seite unseres Daseins. Aber gerechtfertigt ist die Warnung vor einer Überschätzung der sogenannten Äußerlichkeiten immer da, wo das Körperliche seinerseits von allem Seelischen losgelöst betrachtet und der Mensch auf das Fotografierbare reduziert wird. Besonders übel sieht es aus, wenn Schönheit mit sexueller Attraktivität verwechselt wird. Bei solchen

Maßstäben haben vor allem ältere Menschen nichts zu lachen. Das Älterwerden wird doch nicht mit einem ständig wachsenden Verlust an Schönheit erkauft; alles andere widerspräche jedem Gefühl für Gerechtigkeit.

Verweilen wir also in aller Ruhe vor dem Spiegel und halten wir uns ein wenig aus. Schauen wir nicht doch in das »schöne menschliche Antlitz«, wie Matthias Claudius es ausgesprochen hat? Was macht eigentlich ein menschliches Gesicht schön? Was macht es so richtig schön menschlich? Oder, vielleicht kommen wir so an unsere Frage besser heran, was macht ein Menschenantlitz häßlich? Das erste, was mir hierzu einfällt, ist Fanatismus. Nichts entstellt uns so sehr wie fanatische Einstellungen und Gebärden. Auch Sorgen können einen Menschen häßlicher machen, als er in Wirklichkeit ist, und ebenso wenig dient Bitterkeit der Schönheitspflege. Auch verstelltes Wesen bringt uns um das, was unseren Anblick eigentlich schön machen könnte. Es ist kein Zufall, daß verhaltensgestörte Kinder zu Fratzen und Grimassen neigen. Wer ein Kind in einem solchen Augenblick fotografiert, blickt bisweilen in einen Abgrund von Elend und Häßlichkeit.

Die letzte Entscheidung über schön oder häßlich fällt also nicht da, wo die gängigen Schönheitsideale ansetzen. Vor dem Spiegel aber entscheidet sich, ob ich mit mir, und das heißt gerade auch mit meinem Körper, versöhnt bin, oder ob mir mein Leib etwas Fremdes ist. Das schöne menschliche Antlitz wird in dem Maße aufleuchten, als Sorge, Bitterkeit und Unechtheit von uns weichen.

Wie aber kann ich zu einer freundlichen Gelassenheit gegenüber meinem Aussehen kommen? Was kann ich tun, wenn mein Körper in dieser oder jener Hinsicht den landläufigen Schönheitsidealen nicht entspricht? Ursula Wölfel erzählt in einem ihrer Bücher (Feuerschuh und Windsandale) von Tim, einem Jungen, der etwas zu dick geraten ist und deswegen viel Spott ertragen muß. Als der Junge fast ganz an sich verzweifelt ist, bekommt er von seinem Vater die schönen Worte zu hören: »Wir wollen nie und nie einen anderen Tim haben. Uns gefällst du am allerbesten von allen Kindern der Welt.« Solche Worte kann eigentlich nur die Liebe sprechen. Wenn sie – hoffentlich! – ehrlich gemeint sind, dann entspringen sie einer Sichtweise, wie sie den Augen des Herzens eigen ist, um an Saint-Exupérys bekannte Formulierung zu erinnern. Wenn Dir Dein Spiegelbild soviel Verdruß bereitet, dann wünsche ich Dir, daß Dir auf Deinem Lebensweg viele gute Geister begegnen, die Dich mit den Augen der Liebe anschauen, die auf diese Weise Dein wahres Wesen und damit Deinen wahren Wert entdecken und Dich wissen lassen, daß Du gut aussiehst, weil Du gut bist. Für das sexuelle Begehren mögen körperliche Ungereimtheiten ein Hindernis sein, für wirkliche Liebe, die Dich als Person meint, nicht.

Wenn Du nun solche Worte der Liebe hörst, dann nimm sie ganz tief in Dich auf. Laß sie Dir auf der Zunge zergehen und genieße ihren Klang. Vergiß sie nicht so schnell, sondern bewege sie in Deinem Herzen. Je mehr sie Dein innerstes Eigentum werden, desto mehr wirst Du erfahren, daß sie ein wirksames Heilmittel sind gegen Überdruß und Zweifel an Dir selbst und Deiner Güte. Denn Schönheit ist nur ein anderes Wort für Güte.

Noch eine kleine Bemerkung zum Schluß: ein bißchen Humor wird Dir gerade vor dem Spiegel gut tun. Ist es nicht schon ein wenig drollig, wie wir aussehen? Es ist gut, wenn Du Dich achtest, wenn Du Dich selber ernst nimmst. Aber man kann sich auch zu ernst nehmen, und das ist ein schweres Los.

Wenn die Leute mich sehen,
wenden sie ihr Gesicht ab

Mein Gesicht ist nach mehreren Operationen, die ich als Kind über mich ergehen lassen mußte, durch Narben entstellt. Vor allem die Mundpartie ist davon betroffen. Meine Freunde und Verwandten haben sich an den Anblick gewöhnt, aber auf der Straße erlebe ich es immer wieder, daß Menschen ihr Gesicht von mir abwenden, kaum daß sie mich gesehen haben. Nur die Kinder schauen mich mit unverhohlener Neugier an.

Ja, nur die Kinder genieren sich nicht. Ging es mir doch selber so, wenn ich – damals ein Kind von sechs, sieben Jahren – an einer zum Lazarett umgerüsteten Schule vorüberkam und dort auf dem Hof die Verwundeten sah, die das Augenlicht verloren hatten oder denen ein Glied amputiert war. Am liebsten sah ich die Männer, die beide Beine verloren hatten und die man in vorsintflutlichen Rollstühlen durchs Gelände fuhr. Zum Trost durften sie das Verwundetenabzeichen in Gold tragen, das ihnen der Führer verliehen hatte.

Mit solchen Narben, wie Du sie andeutest, lebt es sich nicht leicht. Das Leben liebbehalten und aus der Entstellung etwas machen, ist eine schwierige Aufgabe, und vielleicht erweist sie sich bis ans Lebensende als nie völlig lösbar. Aber auch Teilschritte haben ihren Wert, und von solchen möchte ich sprechen.

Zuerst wünsche ich Dir auf diesem Weg eine gewaltige

Portion Trotz. Dabei kannst Du darauf vertrauen, daß Du diesen Trotz nicht selber produzieren mußt. In jedem Menschen steckt ein gutes Potential an Trotz, das sich in uns regt, wenn uns ein Schicksalsschlag trifft. Es können unglaubliche Energien sein, die dabei freigesetzt werden. Diese Kraft hindert Dich daran, Dich in einer billigen, Deiner nicht würdigen Weise mit dem Unveränderlichen abzufinden. Es ist die Kraft des Aufbegehrens, die allem Lebenden eigene Trotzkraft, die uns auf Beschädigungen anders reagieren läßt als ein Stein oder ein Topf. Aber – so wirst Du fragen – ich kann doch an meinem Aussehen nichts ändern, zumal die Ärzte sich alle Mühe gegeben haben, die Operationen auch unter kosmetischen Gesichtspunkten so gut wie nur irgend möglich auszuführen. Gewiß, aber darum geht es auch nicht. Die Trotzkraft will nicht Unmögliches möglich machen. Aber so wahr Du ein Mensch bist, gilt, daß die Aufgabe, mit der entstellenden Narbe zurechtzukommen, schöpferischer Natur ist. Dem scheinbar Wertlosen und Absurden einen Sinn abtrotzen, das ist die Herausforderung, vor der Du stehst.

Trotz brauchst Du vor allem, um Dich gegen den Vollkommenheitswahn zu wehren, der in unserer Gesellschaft so weit verbreitet ist und sich vielleicht auch bei Dir eingenistet hat. Das macht die Verletzung erst richtig schlimm, wenn sie etwas ist, das eigentlich gar nicht sein darf, und nicht etwas, das nun einmal mehr oder weniger auffällig die Signatur alles Lebendigen ist: das Zeichen der Unvollkommenheit. Die Menschen träumen sozusagen von einem permanenten Vollmond und wissen nichts mehr von der tiefen Wahrheit, die Matthias Claudius in seinem Lied vom Mond in den Satz »und ist doch rund und schön« gefaßt hat. Dieser Satz könnte Dein Satz sein, Deine Lebenslosung. Die schmerzliche Entstellung in Deinem Gesicht, die keiner bagatellisieren sollte und die auch ich keineswegs verharmlosen möchte, gibt Dir die Chance, die Wahrheit dieses Satzes tiefer zu erfassen, als es anderen Menschen möglich ist. Vielleicht sollte der Vers auf Deinem Nachttisch stehen oder über dem Spiegel hängen, denn da gehört er recht eigentlich hin.

Noch ein anderer Schritt wird hoffentlich für Dich hilfreich sein. Wenn ein Mensch in einer solchen Weise gezeichnet ist wie Du, liegt es nahe, die Aufmerksamkeit in unangemessener Weise auf die schmerzende oder entstellte Partie zu richten. Je schlimmer das Übel, desto größer die Gefahr, daß der Leidende sich selbst gleichsam auf sein Leiden reduziert. Der an beiden Beinen Amputierte ist dann nur noch der Mann im Rollstuhl, für die krebskranke Frau dreht sich alles nur noch um den Krebs. Als ob unser Menschsein mit dem Funktionieren bestimmter Organe oder mit dem perfekten Aussehen steht und fällt! Ein Mensch wie Du kann essen und trinken, hoffen und zagen, lachen und weinen, lieben und hassen, meditieren und singen, spielen und arbeiten, streicheln und küssen, Erfindungen machen und Kunstwerke schaffen – ich setze die Liste nicht fort, denn die wenigen Andeutungen genügen. Auch diese Feststellung meint nicht, daß Du Deinen Kummer bagatellisieren solltest. Aber die Relationen, die Proportionen müssen stimmen. Wo immer ein Mensch einen Ausschnitt seines Menschseins grell beleuchtet und unangemessen vergrößert, geht ein Stück Wahrheit, befreiender Wahrheit verloren. Du hast ein Leiden, Du trägst eine Hypothek, die sich nicht im Laufe der Jahre einfach löschen läßt. Aber weder die Verkleinerung noch die Vergrößerung wird Dir bekommen.

Und dann ist da noch eine Erfahrung, die ich Dir wünsche. Vielleicht gelingt es Dir ja im Lauf von Jahren, die Entstellung immer mehr anzunehmen und in das Ganze Deiner Persönlichkeit zu integrieren. Dann solltest Du einmal etwas erleben, was mir ein schwer behinderter Mensch einmal sagte. Er erzählte mir, wie er nach vielen Jahren schwerer Auseinandersetzungen mit seinem Leiden einmal mit einem jüngeren Leidensgenossen ins Gespräch kam, dem er auf Grund seiner eigenen leidvollen Erfahrungen entscheidend helfen konnte. »In diesem Augenblick«, so erzählte er mir, »hatte ich zum ersten Mal das Gefühl, daß meine Behinderung doch einen Sinn hat, und zum ersten Mal überkam mich das wunderbare, sonst nie gekannte Gefühl, daß ich mit mir und meinem Schicksal versöhnt war.«

Und wenn die Leute ihr Gesicht von Dir abwenden? Du mußt damit rechnen, daß es immer wieder geschieht, besonders wenn Menschen Dich zum ersten Mal sehen. Gib ihnen Zeit, sich an Deinen Anblick zu gewöhnen. Den meisten wird es dann auch gelingen. Aber zunächst wird das Verhalten vieler Menschen Dir gegenüber von Unsicherheit geprägt sein. Es wird Dir gehen wie denen, die einen schweren Verlust erlebt haben und nun trauern. Da ist eine Mutter, die ihr Kind verloren hat. Auch sie wird es oft erleben, daß Menschen ihr ausweichen. Man möchte ja nichts falsch machen. Man möchte nicht stören. Je unsicherer jemand in sich selbst ist, desto stärker wird die Neigung zum Ausweichen sein. Es ist nicht böse gemeint. Aber auch hier führt der Wunsch, ja nichts Falsches zu sagen, zu einer Sprachlosigkeit, die dem Leidenden nichts nützt, die ihm eher Schmerzen bereitet, weil er sich ausgegrenzt fühlen muß. Eigentlich sollten die anderen auf Dich zugehen, um Dir ihre Gemeinschaft zu schenken. Aber gewöhne Dich daran, daß es oft umgekehrt sein muß: Du wirst auf die Leute zugehen müssen, und ich denke, Du bist stark genug, um es zu tun.

Meine Biographie

Total verkorkst?

Ich bin total verkorkst. Immer wieder denke ich über meine Lebensgeschichte nach, vor allem über meine Kindheit. Und immer wieder komme ich zu demselben Ergebnis: Es ist alles schief gelaufen. Ich bin total verkorkst. Die anderen übrigens auch. Früher meinte ich manchmal, ich müsse die anderen beneiden. Mir schien, ihnen ist es besser gegangen. Aber heute würde ich sagen: Wir sind alle total verkorkst, alle.

Das klingt sehr kläglich. Ich möchte auch nicht bestreiten, daß Du viel erlitten hast. Manche Ungerechtigkeit mag Dir widerfahren sein, und das, was man eine glückliche Kindheit nennt, ist Dir offenbar versagt geblieben. Aber erlaube mir bitte trotzdem ein paar kritische Rückfragen.

Ich möchte Deine Worte einmal ein wenig auf die Goldwaage legen. *Bist* Du wirklich verkorkst? Wenn wir uns über philosophische Fragen unterhalten, attackierst Du für gewöhnlich jede Form von Ontologie. Die Ontologie, das Denken in Seins-Kategorien, hast Du einmal als den Sündenfall der Philosophie bezeichnet. Aber so mancher, der gegen alle Seins-Aussagen Sturm läuft, läßt sie durch die

Hintertür wieder herein. Darum frage ich Dich: Bist Du wirklich total verkorkst? Ist Dein Sein unbedingt und unveränderlich zu Schaden gekommen? Warum sagst Du nicht: Ich fühle mich verkorkst? Und warum nicht auch gleich die ehrliche Einschränkung: augenblicklich fühle ich mich verkorkst? Mit der Feststellung »augenblicklich« hältst Du Dir die Tür zu einer Zukunft offen, in der Du vielleicht, hoffentlich, ganz anders über Dich urteilst. Und mit der Formulierung »ich fühle mich ...« verläßt Du den Boden gedanklicher Urteile und begibst Dich auf das Feld vitaler Empfindungen und Erfahrungen – immer vorausgesetzt, daß Deine Feststellung ehrlich ist. Mit dem »ich fühle mich augenblicklich ...« bleibst Du im Hier und Jetzt, bist Du in Kontakt mit Deinen Gefühlen, und das ist gut, ganz anders als das »ich bin«, mit dem Du Dich von Deiner aktuellen Verfassung verabschiedest und aus dem, was manchmal, was vielleicht recht oft zutreffen mag, einen zeitlosen Grundsatz machst.

Und bist Du wirklich *total* verkorkst? Ich wollte, Du wärst etwas mehr mißtrauisch gegen dieses Wort, das heute schon wieder zum Modewort geworden ist. Die meisten wissen ja auch nicht mehr, woher es kommt: aus dem Wörterbuch des Unmenschen, aus dem Wortschatz des Nationalsozialismus. Und weiter: Ist wirklich *alles* schief gegangen? Wahrscheinlich ist viel schief gegangen, viel zu viel, und ich sehe keinen Grund, das Bild Deiner Kindheit zu schönen. Aber hast Du nicht auch die Erfahrung gemacht, daß in Dir eine Abwehrkraft ist, die sich auf mancherlei Weise und mit unterschiedlichem Erfolg gegen Verbiegungen und Verletzungen, gegen Tyrannei und Fron gewehrt hat? Mediziner sprechen vom »medicus internus«, dem »inneren Arzt«, der in jedem Menschen wohnt und auf jede Gefährdung, Beeinträchtigung oder Beschädigung des Organismus feinfühlig und unglaublich klug reagiert. Aber nicht nur bei körperlichen Beschädigungen tritt der innere Arzt in Funktion. Er wacht auch über Deiner seelischen Gesundheit und tut, was er kann. Hast Du sein Wirken je gespürt? Hast Du Vertrauen in seine Klugheit? Ich wünschte, Du kenntest ihn und erkenntest in ihm Deinen besten Freund, dann hättest Du auch Hoffnung für Deine Zukunft. Geh doch einmal ganz ruhig und aufmerksam die Geschichte Deiner Kindheit durch und schau, ob Du nicht irgendwo auf seine Spuren stößt!

Ich bin noch nicht am Ende mit meinen Rückfragen. Ich hake noch fest bei dem Wörtchen »es«. »Es ist alles schief gelaufen.« Wer ist »Es«? »Es« ist ein wunderbar bequemes Wort, wie geschaffen für denkfaule Leute, die gerne alles in der Schwebe lassen. Aber die Sache, von der Du da sprichst, ist zu wichtig, als daß Du sie so unbestimmt stehen lassen könntest. Wer ist dies »Es«? Sind es Deine Lehrer? Die Eltern? Die Gesellschaft? Die Umstände? Oder ist es das Leben, das Dir in Deinen Eltern, Lehrern etc. begegnet ist? Und was hast Du selbst mit diesem »Es« zu tun? Warst Du ihm schicksalhaft ausgeliefert? Inwieweit hast Du die anderen mit Dir machen lassen und bist auch heute noch meistens in der Rolle dessen, der sich gerne im Hintergrund hält, der die anderen entscheiden läßt und sich so zum Objekt fremden Willens degradiert?

Ich möchte Dich auf ein Motiv hinweisen, das Du in manchen Märchen findest. Da erlebt jemand eine wirklich schlimme Kindheit, etwa bei einer bösen Stiefmutter. Aber eines Tages muß er oder sie aufbrechen, muß sich auf den Weg machen und das Lebenswasser oder einen Schatz suchen. Doch nie läuft die Sache darauf hinaus, daß der so schwer benachteiligte Mensch unter Berufung auf seine verkorkste Kindheit einfach die Reise absagt.

Dein Blick haftet sehr an dem, was Du bis heute erfahren hast. Du schaust – philosophisch gesprochen – auf das Bedingte, auf die Voraussetzungen, unter denen Du Dein Leben leben mußt. Aber diese unbestreitbaren Voraussetzungen sind eben nur Vorgaben, sie zwingen Dich nicht. Wohl kannst und sollst Du sie nicht einfach ignorieren. Du kannst sie ja auch nicht aus der Welt schaffen. Aber selbst die übelsten Vorgaben ändern nichts daran, daß der Lockruf des Lebens, der Lockruf der Freiheit auch Dir gilt. Natürlich schränken die Vorgaben Deine Möglichkeiten ein – das ist bei jedem Menschen so. Aber sie legen Dich nicht fest und nehmen Dir weder das Glück des Entscheidenkönnens ab noch die Last, entscheiden zu müssen. Mach Dich auf den Weg, suche nach dem Lebenswasser und vertrau Dich der Zusage an, daß der, der redlich sucht, finden wird. Und denke daran, daß die Märchen aus gutem Grund gerade den mißhandelten und mißachteten Geschöpfen, den Aschenputteln und Taugenichtsen, das große Glück verheißen.

Ich sehe keinen Sinn
in meinem Leben

Ich kann in meiner Lebensgeschichte keinen Sinn finden. Es ist doch alles Zufall, vom Anfang bis zum Ende nichts anderes als eine Kette von Zufällen.

So stellt sich das Leben wohl dar, wenn Du es ernsthaft betrachtest. Es gibt genug Situationen, in denen wir erschüttert vor den grausamen Seiten der Zufälligkeit unseres Daseins stehen. Da ist ein Verkehrsunfall geschehen. Frontalzusammenstoß. Im einen der beiden Wagen saßen vier junge Männer, zwei sterben, zwei sind schwer verletzt. Sie haben nicht die Hauptstraße genommen, sondern waren – ohne tieferen Grund – auf den Gedanken gekommen, einen Landwirtschaftsweg als Abkürzung zu benutzen. Wären sie den gewöhnlichen Weg gefahren, sie lebten wohl heute noch. Aber damit nicht genug. Die Abfahrt hatte sich ein wenig verzögert, weil man sich nicht hatte einigen können, wer in wessen Auto mitfahren sollte. So stieg einer, der schon in dem später verunglückten Wagen Platz genommen hatte, wieder aus, und ein anderer nahm seine Stelle ein. Der eine kam mit dem Leben davon, der andere nicht. Und wenn sie nur fünf Sekunden früher oder fünf Sekunden später an die verhängnisvolle Kreuzung gekommen wären ... ein grausiges Gedankenspiel. Nicht weniger zufällig entstehen mitunter Freundschaften, ja, Ehen: zufällig hat man sich getroffen, bei einer Feier, und dabei hat einer von beiden eigentlich gar nicht hingehen wollen, war erst in letzter Sekunde dazu überredet worden. Oder der Zufall einer vom Computer vorgenommenen Sitzplatzbuchung im Flugzeug führt zwei Menschen zusammen. Ein Pfarrer wollte seinen Konfirmanden klar machen, wie jeder Mensch sein Dasein dem weisen Schöpferwillen Gottes verdankt. Aber ehe er den schönen Gedanken ganz entfaltet hat, platzt ein vorlauter Konfirmand dazwischen und verkündet unter dem Gelächter der anderen: »Ne, Herr Pastor, da haben meine Eltern mal nicht aufgepaßt!« Und hat der Junge nicht irgendwie Recht?

Gewiß, es gibt glückliche Zufälle, von denen wir gerne erzählen. Aber manchmal stehen wir vor furchtbaren Abgründen, wenn wir sehen, wie zufällig unser Leben ist, im ganzen und im Detail. Und es scheint, als seien wir gerade dazu bestimmt, dieser Zufälligkeit tapfer ins Auge zu blicken und der Tatsache standzuhalten, daß es auch alles ganz anders sein könnte. Ich glaube nicht, daß das Leben uns einlädt, den Eindruck des Zufälligen zu verdrängen. Es ist auch nicht schön, wenn manche Leute in der Weltgeschichte oder in der kleinen Geschichte ihres eigenen Lebens allzuschnell die Spuren göttlicher Weisheit und Güte entdecken. Sie müssen meistens eine Fülle von Fragen totschlagen, um diese Position aufrechtzuerhalten. Fragen aber wollen nicht niedergeknüppelt sein, sondern bedacht und beantwortet.

Und doch, die Behauptung, die Du aufstellst, alles sei sinnlos, alles sei nur eine Kette von dummen Zufällen, ist so auch nicht leicht durchzuhalten. Du müßtest schon so manches ausblenden, wenn Du bei Deiner Auffassung bleiben willst, wenn Du bereit bist, sie an den Fakten zu verifizieren. So sehr die Beobachtung von lauter Zufälligkeit stimmt, so sehr gilt auch das andere: schlechthinniges Chaos sieht anders aus. Ob Du in die vormenschliche Natur hineinschaust oder in die von uns Menschen hervorgebrachte Kultur, ob Du in die Weltgeschichte blickst oder dich mit Deiner eigenen befaßt, immer wieder wirst Du auf die Tatsache stoßen, daß die Dinge sich nicht so einfach reimen: Zufälligkeiten – gewiß, aber totales Durcheinander doch nicht. Es ist vor allem eine Beobachtung, die Du bei Deiner Betrachtung nicht ausklammern darfst: daß jeder von uns, auch Du, sinn-orientiert ist. Ja, die kleinste und einfachste Zelle steckt voller Daseinsbejahung, verneint sich selber nicht, ist besessen von Glücksverlangen und kann nicht einen einzigen Augenblick aus dieser Grundbestimmtheit aussteigen. Um es bewußt ganz persönlich auf Dich zuzuspitzen: Dein ganzes Leben lang sehnst Du Dich nach Glück und kannst nichts anderes wollen. Wohl kannst Du Dich sehr täuschen, wenn es um die Frage geht, was denn wohl das Glück sei und auf welchen Wegen es am ehesten zu erreichen ist. Darum kannst Du auch in Dein eigenes Unglück rennen und tust es ja auch immer wieder. Du kannst die seltsamsten Wünsche entwickeln, aber der Wunsch, bewußt und konsequent unglücklich zu sein, steht Dir nicht zur Verfügung. Sogar der Mensch, der seinem Leben selbst ein Ende setzen möchte und es vielleicht sogar tut, ist dabei von der Hoffnung getrieben, durch den selbst verfügten Tod glücklicher zu werden, Unglück, Schmerzen und Ausweglosigkeiten endlich und endgültig hinter sich lassen zu können.

Was aber sollen wir von dieser unverlierbaren Sinnorientierung denken? Sind wir dazu bestimmt, ein Leben lang nach etwas zu streben, das es nicht gibt? Sollte alle unsere Sehnsucht ins Leere gehen? Ist sie so etwas wie eine kollektive Wahnvorstellung, von der aber keiner geheilt werden kann, weil sie ja mit unserem Sein gegeben ist und durch keine Macht der Welt abgestreift werden kann?

Oder ist vielleicht dies die Spielidee, der unser Leben gehorcht, daß wir ein Leben lang nach etwas suchen müssen, das jedoch nicht nach Art von Gegenständen gesucht und gefunden werden kann? Und sollte dies zumindest ein Element der Spielidee sein, daß wir es lernen, dieser zunächst ärgerlichen Tatsache ins Auge zu schauen? Wir sollen der Versuchung widerstehen, in Scheinlösungen auszuweichen, indem wir den gesuchten »Sinn« mit etwas Käuflichem, etwas Machbarem, etwas Wißbarem, etwas Durchschaubarem identifizieren.

Friedrich Nietzsche hat den Christen vorgeworfen, sie müßten eigentlich viel erlöster aussehen, wenn er an ihren Erlöser glauben sollte. Gut, für einige Christen mag das zutreffen. Aber Nietzsches Satz ist auch auf andere Geisteshaltungen anwendbar, und ich möchte denen, die allzuschnell von Sinnlosigkeit und Chaos reden, die Frage stellen, ob sie nicht eigentlich viel sinnloser, viel weniger sinnorientiert leben müßten, wenn ihre Philosophie glaubwürdig sein sollte. Sinnlosigkeit denken ist eins, sie leben ein anderes.

Aber genug der schwierigen, vielleicht schon zu abstrakten Gedankengänge. Ich kann und will Dir keinen Lebenssinn andemonstrieren. Aber ich möchte Dich aufmerksam machen auf das unentrinnbare Gefälle Deines Lebens, das Dich immer nur in eine Richtung denken läßt, so wie das Wasser immer nur den Weg nach unten suchen kann. Ich möchte Dich bitten, das zu tun, wozu Du bestimmt bist, daß du alle Deine Sinne ausstreckst nach dem, was wir Sinn nennen und doch kaum kennen, was keiner von uns definieren kann und doch mit jeder Lebensäußerung voraussetzt. Und ich möchte Dich einladen, dieses Suchen gerade einmal auf das Wunder einer menschlichen Lebensgeschichte, am besten zuerst und immer wieder Deiner eigenen, anzuwenden.

Seit vielen Jahrhunderten haben Menschen Lebensgeschichten, Biographien, wie wir sagen, geschrieben. Manche haben dabei das Leben anderer aufgezeichnet, viele auch ihr eigenes. Manche haben den Aufrichtigkeitstest, der dazu eigentlich gehört, bestanden, andere sind durchgefallen. Und was für Romane sind auf diese Weise entstanden! Geschichten, die man sich nicht ausdenken mußte, sondern deren Stoff vorgegeben war und nach wahrheitsgetreuer Aufzeichnung verlangte. Die etwas kitschige Charakterisierung, »Bücher, die das Leben schrieb«, trifft hier ausnahmsweise zu. Solche Biographien geben ein gutes Gefühl für das, was wir »unser Leben« nennen können.

»Dein Leben« – diese seltsame Mischung von Großartigem und Banalem, von Glück und Unglück, von Glanz und Schande, von Gutem und von Schuldigwerden, von Beabsichtigtem und Ungewolltem, Bewußtem und Unbewußtem, Erinnertem und Vergessenem, von Verständlichem und Rätselhaftem. Und in alledem die seltsame Erfahrung: Du selbst bist es, der als verantwortlicher Autor seine Biographie schreibt, aber ein anderer (und viele andere) schreiben dauernd etwas dazwischen, was Du selbst nicht schreiben wolltest, aber auch nicht auslöschen kannst. Und während ein Buchautor normalerweise die letzte Seite seines Buches schon kennt, ehe er sie geschrieben hat, sitzt Du da und schreibst und weißt kaum, was auf der nächsten Seite stehen wird, geschweige denn, daß du sagen könntest, wie dick das Ganze werden wird und was das Ende ist – Dein Ende. Wie sollte ein solches Buch, eine solche Schriftstellerei, nicht spannend sein?

Ich möchte Dir etwas von einem seltsamen Hobby erzählen, das ich seit einigen Jahren pflege. Ich glaube, ich bin bis jetzt der einzige Mensch, der dieses Hobby hat. Ich sammle Titel von Biographien, vor allem von Autobiographien. Warum? Zunächst einfach deswegen, weil es Spaß macht. Dazu kommt die Tatsache, daß sich in der Suche nach einem geeigneten Titel für eine Lebensbeschreibung gut ablesen läßt, wie Menschen ihr Leben verstanden haben, wie sie versucht haben, die Fülle ihrer Erfahrungen in der Zusammenschau auf einen Nenner zu bringen. Mit einer solchen Überschrift bringt jemand zum Ausdruck: Mein Leben hat ein Thema, nicht irgendeines, nicht ein beliebiges, austauschbares, sondern ein einmaliges, höchst persönliches, individuelles. Sollte jedes Menschenleben ein heimliches Thema haben? Und gehört das nicht auch zur Spannung unserer Erdenreise, daß uns dieses Thema nicht gleichsam in die Wiege gelegt wird, so daß wir von Anfang an wissen, worum sich alles dreht? Vielmehr macht dies den Reiz unseres Lebens aus, daß sich unser Thema in der Regel erst sehr spät herauskristallisiert und daß wir vielleicht Jahrzehnte damit verbringen, uns unter Mühen und Fehlschlägen an die Überschrift, die zu unserer Geschichte paßt, heranzutasten.

Ich will Dir ein paar Beispiele aus meiner Sammlung geben. Da ist Heinz Rühmann mit seiner wunderbar schnoddrigen und doch wohl warmherzigen Überschrift »Das war's«. Da beschreibt der Schauspieler Will Quadflieg die Geschichte seines Lebens unter dem doppelbödigen Titel »Wir spielen immer«. Da erzählt uns der Theologe Helmut Thielicke sein Leben und setzt darüber den Satz »Zu Gast auf einem schönen Stern«. Der südafrikanische Schriftsteller Alan Paton betrachtet sein Leben als eine Pilgerfahrt und wählt in Anlehnung an die prophetische Vision von der Wallfahrt der Völker zum Berg Zion (wo man die Waffen zu Ackergeräten umschmiedet) den Titel »Towards the Mountain«. Sehr liebe ich auch die Überschrift der feinfühligen Journalistin Vilma Sturm »Barfuß auf Asphalt«. Der als Kind erblindete französische Literaturwissenschaftler Jacques Lusseyran schreibt über »Das wiedergefundene Licht«, während der Kabarettist Werner Finck sich am Ende seines Lebens fragt: »Alter Narr, was nun?« Was aber könnte Deine Lebensüberschrift sein? In welchem Satz fügen sich die scheinbar so beziehungslosen Einzelheiten doch zu einem Ganzen?

Trost
für Spätentwickler

Ich war schon immer ein Spätentwickler. In meiner Klasse war ich der Letzte, der Schwimmen lernte. Auch Radfahren und Autofahren habe ich spät gelernt. Jetzt bin ich 37 Jahre alt, habe immer noch keine Frau und fürchte, daß ich wohl auch nie eine finden werde.

Es ist merkwürdig, wie hoch wir alles schätzen, was zuerst kommt. Wer etwas als Erster geschafft hat, darf sich in dem Gefühl sonnen, Erster zu sein. Die erste Blüte im neuen Jahr, die erste Schwalbe im Frühling, ihnen wird besondere Aufmerksamkeit und Bewunderung zuteil. Wer dagegen spät kommt, vielleicht ganz am Ende der Reihe, muß sich fragen, was mit ihm verkehrt ist.

Warum ist es so schlimm, wenn Du als Letzter Deiner Klasse das Schwimmen erlerntest? Einer muß ja der Letzte sein! Und ist es wirklich so tragisch, wenn Du mit 35 Jahren noch keine Familie gegründet und kein Haus gebaut hast? Aber wahrscheinlich folgst Du da der in unserer Gesellschaft verbreiteten Meinung, daß Spätentwickeltsein etwas höchst Bedenkliches ist. Vermutlich waren auch Deine Eltern nicht frei von dem fatalen Ehrgeiz so vieler Mütter und Väter, die ihre Kinder gerne bei jeder Gelegenheit an der Spitze sehen wollen und nervös werden, wenn die Nachbarskinder etwas früher können als die eigenen. Laufenlernen, Sprechenlernen, ans Töpfchen gewöhnt sein, selbständig Brötchen holen können, ein Musikinstrument spielen, Fahrrad fahren, Schwimmen, Rechnen, Schreiben – alles wird zum Wettbewerb, den die Eltern mit ihren Kindern veranstalten, ohne auch nur einmal ernstlich zu fragen, ob das den Kindern gemäß ist und ob die Sprößlinge dies oft todernste Spiel überhaupt spielen wollen. So gewöhnt man sich früh an die schlimme Sitte des Vergleichens und verwandelt die einfachsten Lernprozesse in einen permanenten Leistungswettbewerb. Dabei ist es doch die natürlichste Sache der Welt, daß nicht alle Blumen am selben Tag aufgehen und daß die verschiedenen Obstsorten zu verschiedenen Zeiten reif werden.

Aber gibt es bei den Entwicklungs- und Reifungsprozessen, die unser Leben bestimmen, nicht auch ein Zu-spät? Gilt nicht auch hier Gorbatschows berühmt gewordenes Wort, nach dem die Geschichte den bestraft, der zu spät kommt? Gewiß, es gibt Entwicklungsverzögerungen, die Ausdruck einer schweren seelischen Störung sind, die man als solche erkennen und behandeln muß. Aber gerade wenn es so ist, wird durch die Angst der Eltern und durch den Druck, den sie ausüben, um den Reifungsprozeß zu beschleunigen, die Sache eher verschlimmert. Und vor allem: Es gibt eben nicht nur krankhafte Retardierungen, sondern auch solche, die völlig normal und gesund sind. Es wird also gut sein, wenn du Deine eigene Geschichte mit dem späten Lernen einmal ganz freundlich überprüfst, inwieweit sie Ausdruck seelischer Störungen ist, oder vielleicht etwas ganz Gewöhnliches, vielleicht sogar etwas, das sehr gute Seiten hat.

Wie war es also beispielsweise mit dem späten Schwimmenlernen? Vielleicht warst Du etwas vorsichtig, etwas ängstlich, und dann ist es nicht so leicht, mit dem Wasser vertraut zu werden. Und wenn es so war – ist das denn so schlimm? Oder hattest Du vielleicht schönere Spiele, die Dir damals wichtiger waren als das Schwimmen? Bist Du vielleicht überhaupt nicht so eine Wasserratte wie manche anderen? Es muß ja nicht allen das Gleiche und in gleichem Maße Spaß machen! Oder hattest Du vielleicht einen Schwimmlehrer, der durch Grobheit und mangelnde Einfühlung Deine Hemmungen nur noch größer machte?

Um die Dinge ein wenig zurechtzurücken, ist eine andere Betrachtung sinnvoll. Ein Blick auf die Welt des Sports kann uns helfen. Wer sich hier auskennt, weiß, wie fragwürdig Jugendmeisterschaften und Jugendrekorde sind. Da wird ein Vierzehnjähriger gefeiert, weil er sieben Meter weit gesprungen ist, was in Deutschland noch kein Junge seiner Altersklasse geschafft hat. Deutscher Jugendrekord! Aber eben dieser tüchtige Junge wird aller Wahrscheinlichkeit nach als Achtzehnjähriger größte Schwierigkeiten haben, wenigstens noch 6,50 Meter zu schaffen, falls er nicht den Sport sogar ganz aufgegeben hat. Und wie ist es mit den Wunderkindern im musischen Bereich? Ist Frühreife wirklich ein so hoher Wert? Auch so manches Konzept von Früherziehung ist von hier aus kritisch zu beleuchten.

Es ist bemerkenswert, wie verblendet unsere Gesellschaft in dieser Hinsicht ist, und wenn Du Dich von dieser Blindheit anstecken läßt, muß Dich Deine Lebensgeschichte unglücklich machen, weil sie offenbar ein einziges Zuspät-Kommen ist. Damit Du dieser Betrachtungsweise nicht erliegst, möchte ich Dir ein kleines Loblied auf die späten Früchte singen. Was erst am Ende eines langen Reifungsprozesses da ist, wird in der Regel nahrhafter sein und süßer schmecken als das, was im Treibhaus unter angeblich optimalen Bedingungen zu schneller und am Ende vielleicht doch unzeitiger Reife gebracht worden ist. Was Du spät lernst, das erlernst und erlebst Du ja auch bewußter, und die Freude, die der endliche Erfolg Dir bereitet, ist besonders groß. Was Dir schnell und leicht in den Schoß fällt, hat in Deinem Leben einen geringeren Wert als das, was unter Mühen spät geboren wird. Ich selbst war erst mit fast dreißig Jahren zum ersten Mal richtig im Ausland. Das ist eigentlich geradezu lächerlich spät, wenn wir es mit dem vergleichen, was heute oft ein Zehnjähriger schon gesehen hat. Aber ich wage zu behaupten, daß kaum jemand so bewußt, mit soviel Neugier und mit soviel Freude die Grenze zu einem fremden Land überschritten hat wie ich bei jener Wanderung vor nunmehr fast 30 Jahren. Ein anderer Aspekt mag hinzukommen: Wer spät lernt, hat so manche schöne Erfahrung erst vor sich. Nun gibt es aber kaum etwas, das unserem Leben soviel an natürlicher Freude geben kann wie das Gefühl, daß etwas Schönes auf uns wartet.Die frühen Meister sind eigentlich arm dran. Sie haben soviel Schönes nicht vor sich, sondern hinter sich. Sie spüren den Abschwung und sind dieser Erfahrung doch noch gar nicht gewachsen, und – wenn es ganz übel geht – sind sie schon ein wenig verlebt, ehe sie richtig erwachsen geworden sind.

Aber nun habe ich die Hauptsorge, die Du angesprochen hast, scheinbar gar nicht ins Auge gefaßt. Du fürchtest auf Grund Deiner bisherigen Geschichte, daß Deine Sehnsucht nach einer Frau, die Deine Frau und Freundin sein möchte, lebenslang unerfüllt bleiben könnte. Und wenn Du den Blick auf Deine Altersgruppe richtest, dann mußt Du Dir ja ziemlich schlecht vorkommen, denn Deine einstigen Klassenkameraden sind alle oder doch wenigstens fast alle längst verheiratet. Einige haben auch Kinder, von denen manche sogar schon die höhere Schule besuchen. Und ein Haus gebaut oder gekauft haben die meisten auch schon, und einige haben sogar ein Zweithaus oder fahren stolz mit einem Wohnmobil durch die Gegend. Und Karriere gemacht haben sie natürlich auch. Du brauchst ihnen ihre Errungenschaften nicht zu neiden. Gönne ihnen, was sie haben. Aber unterwirf Dich nicht dem dämlichen Diktat, das von Dir verlangt, daß Du das eigentlich auch alles erreicht haben müßtest. Wehre Dich gegen das Muß! Versuche stattdessen, Dich daran zu freuen, daß Du noch viel vor Dir hast! Aber – so spüre ich Deine bange Frage – wenn es mit dem Heiraten nun wirklich nicht klappt? Laß Dir eine Antwort gefallen, die ich Dir rational schlecht begründen kann, an deren Richtigkeit ich jedoch keinen Zweifel habe: Menschen wie Du pflegen spät zu heiraten. Aber mit vierzig Jahren wirst Du verheiratet sein, und Deine Ehe wird zu den wenigen in unserem Volk gehören, die mit ganz großer Wahrscheinlichkeit ein Leben lang halten wird, denn mit vierzig verguckt man sich nicht mehr so leicht wie mit zwanzig.

Auf der Suche
nach Identität

In mir sind tausend Stimmen

Ich höre tausend Stimmen in mir; jede sagt etwas anderes, und keine ist meine eigene. Ich weiß nicht, was ich will, und wenn ich einmal etwas will, dann weiß ich nicht, ob wirklich ich derjenige bin, der da etwas will.

Das ist ja wirklich ein Inferno, dieser Chor, die tausend fremden Stimmen, die alle ihren Anspruch auf Dich erheben und mit ihrem Getöse Deine eigene Stimme übertönen. Zwar werden wir die Zahl tausend wohl nicht ganz wörtlich nehmen müssen, aber tausend meint in unserer Sprache ja oft gar nicht eine Zahl im mathematischen Sinn, sondern eine erstaunliche, vielleicht überhaupt nicht mehr zu überschauende Fülle, die sich einfach nicht mehr bewältigen läßt. Und wenn wir bei der Zahl tausend einmal zwei Nullen wegließen, bliebe immer noch eine hohe Zahl. Sie reicht aus, um jede Sicherheit und Entschlossenheit im Keim zu ersticken.

Immerhin, eine wesentliche Einsicht ist in Deiner Klage bereits enthalten: Es sind fremde Stimmen. Ganz anders wäre Deine Lage, wenn Du noch meintest, die Stimmen seien Deine eigenen und wollten nur Dein Bestes. Nein, es sind fremde, feindliche Stimmen, die sich widerrechtlich in Deinem Haus eingenistet haben, eine regelrechte Besatzungsmacht. Diese Okkupanten geben zwar vor, Deine Interessen zu vertreten, aber das ist nicht wahr. Sie kennen Dich ja eigentlich gar nicht, sie kennen auch Deine Interessen nicht, denn sonst wäre ihnen klar, daß Du der Einzige bist, der weiß, was Dir schmeckt, und daß Dein sehnlichster Wunsch doch wohl ist, diese widerlichen Eindringlinge, diese ungebetenen Gäste wieder loszuwerden. Mit der Einsicht, daß diese Stimmen fremd sind, ist ein erster, wichtiger Schritt getan.

Aber wie soll es weitergehen? Was sind das denn für fremde Töne? Du kannst ja einmal genau auf diese Stimmen hören. Was sagen sie? Vielleicht wiederholen sie sich. Vielleicht haben sie etwas Stereotypes an sich. Und wie sprechen sie? Wie klingen diese Stimmen in Dir? Was ist für sie charakteristisch? Stellen sie Dir Fragen? Geben sie Dir Ratschläge? Was wollen sie von dir? Ermuntern sie Dich oder bremsen sie Dich? Gehen Warnungen von ihnen aus? Ist ihr Ton brutal? Oder aber besorgt – liebevoll – ängstlich? Ja, wer hat denn so zu Dir gesprochen? Vielleicht ist es ja wie in Franz Josef Degenhardts Lied von den »Schmuddelkindern«, wo es heißt: »So sprach der Vater, sprach die Mutter, lehrte der Pastor …«. Es können auch Oma und Opa gewesen sein oder eine Lehrerin, ein Vorbild Deiner Jugendzeit, ein großer Bruder, eine Patentante. Es ist ja meistens ein ganzes Heer, das an unserem Lebensweg steht und uns – in der Regel ungefragt – mit Wünschen, Forderungen, Aufträgen, Ratschlägen, Weisheiten und Warnungen eindeckt. Und natürlich immer so, daß es für alle diese Einreden eine Begründung gibt, die so überzeugend ist, daß ein vernünftiger Mensch nichts dagegen sagen kann. Um das Maß voll zu machen, kommt zu diesen Stimmen, die letztlich auf konkrete Menschen zurückgehen, das unerbittliche und gebieterische »Man«: die Fülle alles dessen, was man nicht tut, nicht sagt, nicht denkt, was man können, wissen, haben muß, was man gesehen, gehört, gelesen haben soll. Dies »Man« ist der schrecklichste Tyrann, und weil wir gerade alle von der Saurierseuche befallen sind, nenne ich es den Tyrannosaurus Rex.

Gib den fremden Stimmen einen Namen, dann verlieren sie vielleicht schon etwas von ihrer bedrängenden Kraft. Bezeichne sie nach Person und Anliegen. Auf diese Weise gewinnst Du schon ein Stück Distanz zu Deinen Quälgeistern.

Aber wo ist Deine eigene Stimme? Ich hoffe, Du zweifelst nicht daran, daß es sie gibt, auch wenn Du sie nicht wahrnimmst. Einfach weg sein wie ein verlorener Gegenstand kann sie nicht. Aber wahrscheinlich ist sie tief verschüttet und versucht verzweifelt, sich durch Zeichen bemerkbar zu machen. Jeder Mensch, der diese Erde betritt, wird mit einer ureigenen, unverwechselbaren Stimme geboren, einer Stimme, die ihn »ICH« sagen läßt und ihn heraushebt aus der Menge der nach Millarden zählenden übrigen Menschen. Indem Du vernehmlich »ICH« sagst, unterscheidest Du Dich vom Du, vom Er und Sie, vom Es und Wir und Ihr. Und glaube mir: diese Stimme kann zwar leise werden, aber endgültig zum Schweigen bringen kann sie niemand. Keine Macht der Welt kann sie davon abbringen, nach Freiheit zu schreien. Du kannst sie zeitweilig überhören, endgültig ausschalten läßt sie sich Gott sei Dank nicht.

Aber gerade wenn die Stimme so leise geworden ist, daß Du sie kaum noch orten kannst – was ist dann zu tun? Es kann sein, daß Du dazu Hilfe in Anspruch nehmen mußt, die Hilfe treuer Freundinnen und Freunde und vielleicht auch die Hilfe eines Therapeuten. Eugen Drewermann hat das, worum es geht, in ein treffendes Bild gefaßt. Er erinnert an die Erfahrungen, die viele Menschen in Frankreich im Zweiten Weltkrieg in der Zeit der deutschen Besetzung machten. Wenn sie am Radio drehten, hörten sie Sendungen in französischer Sprache, aber sie alle waren von der deutschen Besatzungsmacht kontrolliert und zensiert. Es war die vertraute Muttersprache, aber der Inhalt war nicht die authentische Stimme Frankreichs, sondern Ausdruck von Propaganda und diente den fremden Interessen der Besatzungsmacht. Aber dann konnte es geschehen, daß jemand beim Sender-Suchen auf die leise Stimme eines Senders der Resistance, der französischen Widerstandsbewegung, stieß. Der Empfang war schlecht, von Störsendern überlagert, und oft geschah es, daß der Freiheitssender kaum gefunden schon wieder verschwunden war. So etwa ergeht es auch Dir.

Aber nun kann es sein, daß Dir jemand zu Hilfe kommt, Dich anleitet, wie Du den gewünschten Sender finden und richtig einstellen kannst. Er hilft Dir vielleicht, Deine Antenne auszurichten. Menschen, die mit dem Lockruf der Freiheit gut vertraut sind, haben oft auch die Gabe, anderen dazu zu helfen, den authentischen Sender zu finden. Dies ist in vielen Therapien ein wichtiger Aspekt: daß da jemand ist, der unaufdringlich und selbstlos einfach verstärkt, was er an Authentischem aus Dir heraushört, bis in Dir die Fähigkeit der Unterscheidung allmählich soweit gewachsen ist, daß Du je länger je weniger auf fremden Beistand angewiesen bist. Doch hüte Dich vor allen Ratgebern und auch vor Therapeuten, die in Wirklichkeit lediglich ihre eigene Stimme in Dich hineinlegen und auf diese Weise die Zahl der fremden Stimmen in Dir nur noch größer machen.

Vielleicht hilft es Dir aber auch, wenn ich Dir einige Kriterien nenne, die ich selbst als hilfreich empfunden habe. Wo ich die ureigene Stimme, meinen Originalton vernommen habe, hat mich diese Stimme niemals eingeschüchtert oder mutlos gemacht. Wohl kommt es vor, daß mich diese Stimme vor etwas warnt, und ich stehe nicht an zu behaupten, daß sie mir mehr als einmal das Leben gerettet hat. Aber sie ist offenbar nicht von der Art, daß sie immer nur Gefahren sieht, so daß sie jede Initiative im Keim erstickt und das Leben auf Sicherungsmaßnahmen reduziert. Und noch etwas macht mir diese Stimme lieb: sie ist der Anwalt meiner Freiheit und meiner Freude. Sie engt nicht ein, sondern weitet. Und es gibt viele Situationen, in denen ich diesen Anwalt brauche. Denn Feinde meiner Freiheit, böse Mächte, die mir die Freude nicht gönnen wollen, gibt es viel zu viele. Aber die Gewißheit, einen Anwalt zu haben, der mich auf Schritt und Tritt begleitet, der mich bestimmt nicht im Stich lassen wird, tut gut. Ich bin in den Prozessen, die gegen mich angestrengt werden, nicht verraten und verkauft, sondern weiß von einer Instanz, die kraftvoll für mich und meine Rechte eintreten wird.

Vielleicht macht Dir auch eine kleine Übung Spaß, die Dir helfen kann, mehr Freiheit zu gewinnen. In einer ruhigen Stunde schreibst Du alles auf, was so an Maximen und Lebensweisheiten in der Luft lag, was geschrieben oder ungeschrieben, ausgesprochen oder unausgesprochen Deine Kindertage bestimmt hat, also Sprüche wie: »Erst die Arbeit, dann das Spiel«. Oder: »Vorsicht ist die Mutter der Porzellankiste«. Oder: »Was sollen die Leute von uns denken?« Ich denke, Du wirst eine stattliche Liste zusammenbringen. Schreib auch dazu, wer mit Vorliebe diesen oder jenen Spruch anbrachte oder ihn Dir einfach mit seiner Lebensführung vorgelebt hat. Und dann überlege Dir, welchen von diesen Grundsätzen Du auch heute noch zu folgen gedenkst, weil sie wirklich lebensfördernd sind, und welche Du als lebensfeindlich durchschaut hast. Dazu mögen dann als dritte Kategorie die Beispiele kommen, bei denen sich diese Frage nicht eindeutig entscheiden läßt. In einem solchen Fall mach Dir möglichst klar, wann eine solche Maxime sinnvoll ist und wann nicht. Und dann verabschiede Dich in aller Form von den Sätzen, die Dein Leben einengen, ja, zerstören. Streiche sie aus, wirf sie in den Papiercontainer oder verbrenne sie, und vor allem: versuche, sie aus Deinem Bewußtsein zu streichen. Bestreite ihnen das Recht, in Deinem Hause zu wohnen.

Manchmal mußt Du dabei sehr energisch zu Werke gehen. Mit Hausbesetzern führt man keine endlosen Dialoge, sondern schmeißt sie raus. Haben sie Dich nicht lange genug gequält? Haben Sie nicht viel zu lange bewirkt, daß Du Dich im eigenen Hause nicht mehr wohlfühlen kannst? Also gebrauche Deine Stimme, je lauter, desto besser; das Wort »Raus!«, ist ein wunderbares Wort. Du wirst schon sehen, wie schön Du es schreien kannst und wie wirksam es sein kann. Und denke auch daran, wie es von ganz alleine dazu kommen kann, daß Gebärden Dein »Raus!« unterstützen. Daß Martin Luther mit dem Tintenfaß warf, ist seit den Tagen der Aufklärung immer wieder belächelt worden. Aber ich meine, was Luther tat, war das einzig Vernünftige. Wer immer Dir das Recht auf Freiheit und auf Freude bestreiten möchte, hat in Deinem Hause nichts zu suchen.

Zeichen
der Echtheit

Ich höre soviel von Identität und Selbstverwirklichung. Wie aber kann ich wissen, ob ich auf dem richtigen Weg bin? Woher weiß ich, ob ich mit mir identisch bin?

Das ist in der Tat eine spannende Frage, und die Möglichkeiten, sich zu täuschen, sind zahlreich. Dein wahres Wesen ist ein Geheimnis, und es wird ein solches bleiben, auch wenn Du neunzig oder hundert Jahre alt werden solltest. Du kannst es wohl für einen flüchtigen Augenblick berühren, aber Du kannst es nicht packen, nicht festhalten, nicht besitzen. Du kannst auch kein Wissen davon erwerben, das, einmal gewonnen, Dir für den Rest Deiner Lebenstage das Suchen abnehmen oder auch nur erleichtern könnte. Ich staune immer nur über die Sicherheit und Leichtfertigkeit, mit der mache Menschen von sich sprechen und dabei zu wissen vorgeben, was sie sind und was sie nicht sind. Was weißt Du, wer Du bist? Auch die meisten der gängigen Typenlehren geben eher ein Scheinwissen und verführen zu Selbst- oder Fremdeinstufungen, die mit Vorsicht zu genießen sind. Sie gleichen selbstgebauten Gefängnissen, in denen sich Menschen selbst einschließen, die doch eigentlich zur Freiheit bestimmt sind.

Nein, Menschsein ist gerade dadurch bestimmt, daß wir uns nicht vorausberechnen können. Wir alle sind Wesen, zu deren bemerkenswerten Eigenschaften es gehört, daß wir uns selbst und andere überraschen können. Deshalb ist Identitätssuche und das Reden darüber nichts für grobschlächtige Leute.

Aber gerade darum kann das Fragen nach der eigenen Identität auch so schön sein. Es gleicht dem Aufbruch in ein fremdes Land, in dem immer neue Überraschungen auf uns warten. Die Bereitschaft, sich überraschen zu lassen, gerade auch von sich selbst, gehört zu den wichtigsten Voraussetzungen dafür, daß die Reise gelingt.

Es ist kein Zufall, daß die Frage nach dem eigenen Wesen nicht am Anfang unseres Lebensweges steht. In der Regel bricht sie erst dann richtig auf, wenn ein Mensch sich seiner selbst hinreichend bewußt geworden ist. Meistens fängt das Fragen mit Fehlschlägen und Krisen an, die bewältigt sein wollen. Es ist also immer schon allerhand vorausgegangen.

Was? Ein ziemlich fragloses Hineinwachsen in die Gesellschaft, in die ein Mensch hineingeboren wurde, und ein ebenso selbstverständliches Erlernen der Kenntnisse und Fertigkeiten, die nötig sind, um in dieser Gesellschaft zu bestehen. Hoffentlich hat aber auch dies nicht gefehlt: die in praktischer Arbeit bewährte Einsicht, daß wir nicht zur Selbstpflege auf diesen Planeten gesetzt worden sind, sondern, wie die Bibel sagt, um einen Garten zu bebauen und zu bewahren. Es endet meistens in plattem Egoismus, wenn ein Mensch sich der Selbstverwirklichung verschreibt, bevor er zu dienen gelernt hat. Dabei sollte niemanden das Wort »dienen« verdrießen. Es geht ja nicht um Sklavendienst und Sklavengesinnung, sondern um die Erfahrung, daß es gut tut, von einem Größeren mit einer großen Aufgabe betraut zu werden.

Aber Deine Frage galt der Vergewisserung auf dem Weg. Sicherheiten, die jeden Irrtum ausschließen, gibt es nicht. Aber das muß nicht heißen, daß Du ohne jede Orientierung bleiben mußt. Doch wird das meiste, was ich Dir vorlege, negativen Charakter haben. Den Kundigen wird es erinnern an die via negativa der Mystiker, die keine positive Beschreibung der Wahrheit geben, aber durch Aussagen über das, was sie nicht ist, an ihr Geheimnis rühren, ohne es zu verletzen.

So formuliere ich also negativ: Je mehr alle äußerliche Nachahmung von Dir abfällt, desto mehr bist Du auf dem Weg zu Dir selbst. Solltest Du also keine Lehrer haben, keine Vorbilder? So ist es nicht gemeint. Vorbilder zu haben ist etwas völlig Natürliches und in einer bestimmten Reifungsphase sogar unerläßlich. Aber es ist ein großer Unterschied, ob jemand nach Vorbildern sucht, weil er nichts Eigenes hat, bzw. nichts Eigenes spürt, oder ob jemand sich anderen anschließt, damit das Eigene geweckt wird. Ebenso gilt, aus der Perspektive des Lehrers gesagt, daß ein Lehrer seinen Schülern Gutes erweist, wenn er das Eigene in ihnen anregt, daß er dagegen unermeßlichen Schaden anrichtet, wenn er seine Schüler und Schülerinnen auf seinen eigenen, persönlichen Stil festzulegen versucht. Was ich von einem anderen lerne, wird entweder von mir assimiliert, und dann ist es so sehr ein Stück von mir, daß es mich nicht überfremdet, sondern mein Eigenes stärkt. Oder aber es kommt als Fremdkörper in mich hinein und bleibt etwas, das sich nicht assimilieren läßt. Dann geschieht allerdings das, was wir von Organtransplantationen kennen. Mein Organismus wird versuchen, den Fremdkörper abzustoßen. Wenn dann auf der anderen Seite mein Bewußtsein sich diesem Prozeß widersetzt – ich wollte ja gerade diese Prägung! – dann entsteht ein schwerer innerer Konflikt. Ich muß viel Energie aufwenden, um die auf Abstoßung dringenden Kräfte zu unterdrücken. Ich verliere Ruhe und Gelassenheit, bin mit mir selbst uneins und muß diesen heillosen inneren Kampf vielleicht sogar mit Krankheit bezahlen.

Ebenso gilt es, den Verzicht auf falsche Krücken zu üben. Es ist so bequem, wenn ich mich hinter fremden Autoritäten verstecken kann. Ein solcher Mensch muß dauernd zitieren, was andere so trefflich formuliert haben. Er braucht immer so etwas wie ein heiliges Buch oder unfehlbare Instanzen, die ihm das eigene fehlsame Denken abnehmen. Und – ein besonderer Aspekt dieser Schwierigkeit – ihm fällt eine sehr einfache Form von Menschlichkeit sehr schwer, nämlich sich zu eigenen Fehlern zu bekennen. Er braucht sozusagen immer einen Sündenbock, und Vater wie Mutter, Lehrer und Vorgesetzte, die Gesellschaft oder auch die Verhältnisse und Strukturen müssen diese Rolle spielen. Immer liegt es an den anderen. Daß ein Mensch sich in Freiheit zu seinem Versagen und zu dem von ihm eingerichteten Schaden bekennt, ist ein wunderbares Zeichen menschlicher Reife, zumal dann, wenn das Schuldbekenntnis nichts mit falscher Selbstbezichtigung zu tun hat.

Und noch eine negative Formulierung: Daß jemand die Angst vor der Einsamkeit verliert, ist auch ein wichtiges Kennzeichen der Individuation. Menschen, die sich diesem Weg verweigern, lieben Uniformen aller Art. Sie fürchten sich, auf irgendeine Weise aufzufallen. Sie bergen sich in der allgemeinen Meinung, sie fühlen sich bestätigt, wenn ihnen jemand sagt, daß sie mit einer Entscheidung oder Auffassung oder mit einer Anschaffung »voll im Trend liegen«. In ihrem Sprachgebrauch dominiert das Wörtchen »man« oder auch das unpersönliche »wir«, in dem sich so schön mitschwimmen läßt. Doch je weniger Dir das »man« bedeutet, je weniger es Dich anficht, eine Außenseiterposition zu vertreten, ja, vielleicht ganz einsam zu sein, desto mehr kannst Du damit rechnen, auf dem richtigen Weg zu sein.

Aber läßt sich denn nicht auch etwas Positives sagen? Ist mit dem, was es zu lassen gilt, alles gesagt? Eigentlich schon. Aber wenigstens etwas Positives kann ich Dir sagen, ohne damit das Bisherige aufheben zu müssen. Es gibt spezifische Chancen, auf dem Weg der Individuation voranzukommen, und es wird gut sein, derartige Gelegenheiten wahrzunehmen und zu nutzen. Für viele ist eine solche Chance da gegeben, wo sie zum ersten Mal das Elternhaus verlassen, vielleicht zunächst nur vorübergehend für eine Reise, vielleicht auch auf Dauer etwa zum Zwecke einer Ausbildung. Jetzt gilt es, alles das, was in der Familie fraglos vorgegeben war, was über Deinen Kopf entschieden wurde, in persönlicher Verantwortung neu zu bestimmen. Auch alles, was mit der Wahl von Studienfach und Beruf zusammenhängt, kann eine hilfreiche Herausforderung sein. Das gleiche gilt für die Entscheidung für oder auch gegen eine Freundschaft oder gar Ehe. Es ist schon bitter, wenn Entscheidungen auf diesen Gebieten unter fremdem Einfluß zustandekommen oder sogar ganz von außen aufgezwungen werden. Schließlich ist da das weite Feld des persönlichen Stils, den es zu entwickeln gilt: Deine Kleidung und Deine Frisur, Dein persönlicher Geschmack bei Gebrauchsgegenständen und bei der Einrichtung Deiner Wohnung, Deine Art zu reisen und Deine Art, Feste zu feiern, und – last but not least – Deine Art, in Deinem Beruf zu arbeiten.

Aber auch hier läßt sich leichter negativ sagen, was nicht frommt, als daß Du einem Menschen positiv vorschreiben könntest, wie er es machen soll. Der negative Weg aber ist in Wahrheit ein Königsweg. Du wirst auf diesem Weg königlich frei und lernst es, zu herrschen, ohne herrschen zu wollen, und da ist nichts mehr, was Königsein und Dienen voneinander trennt.

Gesundheit
und Krankheit

Wir durften nie krank sein

Wir durften nie krank sein. Unser Vater selbst war eigentlich nie krank. In seinen Augen war Krankheit etwas Ehrenrühriges. Für Krankheiten gab es darum eigentlich auch nur einen Grund: Drückebergerei, Arbeitsscheu.

Es ist merkwürdig, wie sehr die Einstellung erwachsener Menschen zu ihren Krankheiten immer noch bestimmt ist durch das, was sie als Kinder erlebt haben. Die Art, wie Krankheit damals eingeschätzt wurde und wie man mit ihr umging, prägt noch nach Jahrzehnten das aktuelle Verhalten. Auch Menschen, die eigentlich zu ihrem Elternhaus einen ziemlich großen Abstand gewonnen haben, erleben, wenn sie als Erwachsene erkranken, so etwas wie einen Rückfall in die Kindheit.

Bei Euch »durfte« man also nicht krank sein, und zwar grundsätzlich nicht. Das Wort »durfte« rückt die Krankheit auf die Seite des Verbotenen und macht sie zu einer moralischen Fehlleistung, genausowenig erlaubt wie Lügen, Zu-spät-kommen, Krach machen, Streiten und vieles andere mehr. Und was habt Ihr gemacht, wenn doch einmal eins erkrankte? Grippe, Keuchhusten, eine Verletzung – das ist doch auch an Euch nicht einfach vorübergegangen. Vermutlich habt Ihr Eure Leiden versteckt, so lange und so gut es ging. Und wenn das nicht half, wenn die Krankheit einfach ihr Recht forderte, dann habt Ihr Euch schuldig gefühlt. Ein anständiger Mensch wird nicht krank, und wenn einer richtig lebt, dann schon gar nicht.

Aber was damals war, ist doch eigentlich längst vergangen. Es darf nicht sein, daß Deines Vaters Einstellung zu Gesundheit und Krankheit Dich noch heute bestimmt. Deine eigene Einstellung, Deine Beziehung zu Gesundheit und Krankheit ist gefragt. Du kannst nur von dem leben, was in Dir als Deine persönliche Sichtweise entstanden ist.

Aber es ist gut, wenn wir uns hier zunächst noch einmal grundsätzlich bewußt machen: Zu jeder Erkrankung gehört eine Einstellung, die der Erkrankte zu seinem Leiden hat. Schon bei den allerersten Anzeichen einer Grippe, einer Hautkrankheit, von Migräne oder Krebs entsteht auch sogleich eine Beziehung zu diesen Phänomenen. Die Möglichkeit, die uns damit gegeben ist, ist etwas außerordentlich Kostbares, denn durch diese Beziehung können wir zu unseren Leiden immer auch ein Stück Distanz gewinnen. Ein vergleichender Blick hinüber zu kranken Tieren oder zu noch sehr kleinen Kindern kann uns zeigen, wie anders man krank ist, wenn diese Distanz fehlt.

Bleiben wir noch ein wenig bei dieser Beziehung. Sie ist immer auch so etwas wie ein Spiegel der Persönlichkeit und ein Indikator für Reife oder Unreife eines Menschen. Denn in der Krankheit zeigt es sich, wieweit jemand gelernt hat, dem Leiden standzuhalten oder nicht. Wer wenig darin geübt ist, wird dazu neigen, die Krankheit zu verdrängen. Er wird sie nicht wahrhaben wollen, wird ihre Symptome verharmlosen, wird seine Lage beschönigen, wird Schwäche und Schmerzen nicht zulassen. Vor allem Menschen mit einem ausgeprägten Leistungswillen haben in der Regel ein ausgesprochen infantiles Verhältnis zu ihren Krankheiten und können Ärzte, Pflegepersonal und Angehörige zur Verzweiflung bringen. Krankheiten, besonders natürlich ganz schwere Erkrankungen, sind immer auch ein Exerzitium der Hilfsbedürftigkeit und damit der Bereitschaft, sich helfen zu lassen. Wer es als ehrenrührig ansieht, auf fremde Hilfe angewiesen zu sein, wird hier große Schwierigkeiten haben.

Andere dagegen instrumentalisieren ihre Krankheiten. Sie benutzen ihre Leiden als Alibi, das es ihnen erlaubt, Verpflichtungen auszuweichen. Sie machen sich mit ihren Krankheiten interessant, ziehen Aufmerksamkeit auf sich und erfahren Zuwendung, die sie sonst bitter entbehren, oder sie erzwingen unter Berufung etwa auf ihre Kopfschmerzen dieses und jenes und tyrannisieren so ihre ganze Umgebung. So gibt es ja auch so etwas wie eine regelrechte Flucht in die Krankheit. Am deutlichsten tritt die Einstellung, die Menschen zum Kranksein haben, an der Art zu Tage, wie sie von ihrer Krankheit reden – oder auch schweigen! Sachlich, nüchtern, dramatisierend, verharmlosend, verdrängend, verschweigend, verschämt, verängstigt. Und so manches Mal gilt, daß die Heilung einer Krankheit damit beginnt, daß die Beziehung, die der Erkrankte zu ihr entwickelt hat, gesundet.

Krankheiten sind Botschaften, für den Erkrankten und für seine Umgebung, und wenn Deine Einstellung zur Krankheit nicht mehr infantil ist, so wird sich das an dem Respekt zeigen, mit dem Du auf diese Botschaften lauschst, und an der Frage, wie ernst Du diese Botschaften nimmst. Nicht immer sind solche Botschaften leicht zu entschlüsseln, so manche Krankheit ist und bleibt ein Rätsel. Und doch gilt, daß sie nicht einfach stumme Katastrophen darstellen, sondern uns etwas sagen möchten. Jede Krankheit drängt auf ihre Weise auf Änderung von Gesinnung und Lebensweise. Etwas Paradoxes folgt daraus: Ein und dieselbe Krankheit ist auf der einen Seite Dein Feind, auf dessen Überwindung Du alle Kunst und alle Kraft richten solltest, und will doch gleichzeitig Dein Freund sein, ein Lehrer und ein Meister, der dem viel zu sagen hat, der sich seiner Botschaft öffnet. Darum brauchen Krankheiten meistens auch Zeit, und der naheliegende Wunsch, möglichst schnell wieder fit zu sein, verrät oft auch so etwas wie ein Ausweichmanöver, das der Krankheit nicht standhalten will.

Von da aus wird es wohl auch verständlich sein, wenn ich Dir abschließend sage: Nimm Deine Krankheiten als eine Chance; durch sie kannst Du Entscheidendes gewinnen. Wenn Du die Lebensbeschreibungen bedeutender Persönlichkeiten liest, dann achte einmal darauf, welche Rolle in ihrer Lebensgeschichte Krankheiten spielen. So manche Lebenswende, ja, auch so manche religiöse Bekehrung, hat viel zu tun mit durchstandener Krankheitsnot oder mit einem schweren Leiden. So kann Hanns Dieter Hüsch im Blick auf sein Leben sagen, daß er eigentlich alles seinen verkrüppelten Füßen verdankt, und er bleibt den Beweis für diese originelle Behauptung nicht schuldig. Krankheiten, gerade wenn wir sie nicht verdrängt, sondern ehrlich durchgestanden haben, machen uns barmherzig und fühlsam. Es ist schon auffällig, wie Menschen, die selten oder nie krank gewesen sind, oft erstaunlich verständnislos und unbarmherzig sind und mit den Schwächen ihrer Mitmenschen einfach nicht richtig umgehen können. Merkwürdigerweise richten sie ausgerechnet mit ihrer phantastischen Gesundheit sehr viel Schaden an, und ich habe aufgehört, Menschen zu beneiden, von denen es heißt, daß sie so gut wie nie krank sind.

Ich fürchte mich
vor jeder Krankheit

Bei jeder Krankheit, von der ich höre, kommt mir der Gedanke, daß ich diese Krankheit schon längst in mir trage, und dann überfällt mich panische Angst. Dabei bringt es mein Medizinstudium mit sich, daß mir in Vorlesungen und Praktika immer neue Krankheiten vor Augen kommen. Was soll ich tun?

War das schon immer so? Oder gab es auch eine Zeit, in der Du ruhig zuhören konntest, wenn andere von einer Krankheit sprachen? Seit wann hat sich das geändert? Und was für eine Lebensphase war es für Dich, in der Du diese Furcht vor möglicher Erkrankung erstmals an Dir wahrgenommen hast?

Kennst du andere Menschen, denen es ähnlich geht? Ich kenne eine ganze Menge. Sie lesen in Zeitungen und Illustrierten all die vielen Artikel über bestimmte Krankheiten und denken immer gleich, daß sie die dort beschriebenen Krankheitssymptome bei sich doch auch schon beobachtet haben. Ein bißchen steckt es in jedem von uns. Die Angst zu erkranken, die Furcht vor einer ganz bestimmten Erkrankung, kann uns auch an gesunden Tagen urplötzlich überfallen.

Aber was Du erlebst, ist offensichtlich nicht das, was alle Menschen erfahren, ist nicht etwas ganz Normales, sondern eher doch wohl etwas Krankhaftes, das Dich für kürzere oder längere Zeiten richtig lahmlegen kann. Es gehört in den größeren Zusammenhang der Phobien, unter denen manche Menschen leiden. Aus sehr unterschiedlichem Anlaß – es kann ein Tier wie Hund oder Spinne sein, es kann die Angst vor einer Flugreise sein, die Angst vor dem Fahrstuhl, vor einer Menschenmasse – durchfluten plötzlich schreckliche Wellen von Angst den leidenden Menschen. Erklärt man einem Menschen, den keine Macht der Erde in ein Flugzeug kriegen würde, daß kein Verkehrsmittel so sicher ist wie das Flugzeug, so nützt ihm das meistens gar nichts. Dir wird es auch nicht viel helfen, wenn Du Dir nüchtern und vernünftig klar machst, daß Du soviele Krankheiten, wie in Deinen Lehrbüchern beschrieben sind, gar nicht haben kannst. Solche rationalen Einsichten reichen offenbar nicht hinunter bis in die Schicht, in der diese Ängste beheimatet sind. Was aber dann?

Versuche es zunächst mit einer ausgesprochen simplen mentalen Übung: Alles was kommt, geht auch wieder. Also auch die Angst. Versuche, Dich diesem Satz vertrauensvoll hinzugeben, und glaube mir: auch für Dich wird eine Zeit kommen, in der Deine Krankheitsängste sich soweit zurückgebildet haben werden, daß Du Dich wundern wirst, daß es mal eine Phase in Deinem Leben gab, wo sie solche Macht über Dich hatten. Ja, alles, was kommt, hat seine Zeit und wird auch wieder verschwinden, und zwar von allein. Dies »von allein« ist mir sehr wichtig. Es bedeutet nicht, daß Du für die Entwicklung Deines Zustands keine Verantwortung hast. Aber sie besteht nicht darin, daß Du mit Deiner Kraft die Angst wegschicken könntest oder solltest. Angst kannst Du nicht wie ein Hindernis aus dem Weg räumen. Wohl aber kannst Du manches tun oder besser: lassen, was die Angst unnötig lange festhält. Dazu gehört vor allem die Angst vor der Angst. Du hast den Mechanismus ja so oft erlebt, und dementsprechend hat er sich eingeschliffen. Man spricht in Deiner Gegenwart von einer Krankheit, und schon ist die Angst, selber an dieser

Krankheit zu leiden, da. Mit der Angst, daß die Angst wiederkommen wird, lockst Du die Angst in eigentümlicher Weise an. Du klebst an der Erfahrung, an dem, was Du wieder und wieder so erlebt hast und Deinen schlimmen Befürchtungen Recht gibt. Aber dies Kleben ist für die Wellen der Angst wie eine Einladung. Darum ist es so wichtig, daß Du der Angst eine Chance gibst, wieder dahin zurückzukehren, wohin sie eigentlich gehört, und dort zu bleiben.

In die gleiche Richtung weist noch eine zweite Möglichkeit: Sooft Du die Angst kommen spürst, suche einen Menschen Deines Vertrauens, mit dem Du über Deine Angst sprechen kannst und der in der Angst bei Dir aushält. Wenn Du versuchst, die Angst zu verschweigen, zu verstecken, zu unterdrücken, führst Du der Angst neue Nahrung zu, durch die sie wächst. Es ist ja auch Angst vor der Angst, die Dich daran hindert, Deine Angst offen auszusprechen und auszuagieren.

Aber woher kommen eigentlich diese Wellen der Angst, die Dich von Zeit zu Zeit heimsuchen? Als psychologisch wenigstens ein wenig informierte Menschen unserer Zeit werden wir unseren Blick schnell auf unsere Biographie und dabei vor allem auf die frühe Kindheit richten. Und wenn Du das tust, wirst Du vermutlich auch manches finden, was Dir Deine Angstzustände erklärt. Aber auch in der Psychologie gilt sinngemäß das Wort von Karl Marx, nach dem es nicht genügt, wenn die Philosophen die Welt interpretieren, die doch nach Veränderung schreit. Erklärung ist zu wenig. Wo sie zur Veränderung etwas beiträgt, brauchst Du sie nicht zu verachten. Aber daß die Erklärung der Problematik gleichbedeutend sei mit ihrer Überwindung, ist ein schrecklicher Irrtum. Du bist in einen Sumpf geraten; konzentriere alle Deine Kraft auf die Frage, wie Du wieder herausfindest. Wenn dabei die Einsicht, wie Du in den Sumpf hineingekommen bist, etwas helfen kann, gut, dann nutze diese Hilfe. Aber vergiß darüber nicht, daß es ja eigentlich darum geht, wieder festen Boden unter die Füße zu bekommen.

Lassen wir also die schrecklichen Kindheitserfahrungen, die zur Genese Deiner Angstzustände wohl dazugehören, wenigstens vorübergehend beiseite. Machen wir uns stattdessen klar, daß in jedem Menschen ein beachtliches Potential an Angst steckt, das im Falle akuter Gefahr frei wird und dann unter Umständen eine sehr nützliche, ja, lebensbewahrende Funktion hat. Da entdeckt jemand eine tödliche Gefahr, und wenn es gut geht, wird ihn die Angst hellwach machen und ihm Kräfte verleihen, die er im gewöhnlichen Leben eigentlich gar nicht hat. Dein Problem ist, daß dies Freiwerden von Angst dir auch in Situationen widerfährt, in denen der nüchterne Blick beim besten Willen keine ernste Gefahr sehen kann. Gesundung würde also bedeuten, daß die Angst sich wieder dorthin zurückzieht, wo sie ihren legitimen Ort hat. An dieser Stelle ist das wichtig, was ich Dir vorhin schon sagte, daß die Angst (ich muß hier sehr menschlich, sozusagen ein wenig vermenschlichend, sprechen) sehr wohl weiß, wo sie eigentlich hingehört, welches Terrain und welche Situationen ihr legitimer Tummelplatz sind und welche nicht. Dies zu wissen, ist gut. Entscheidend ist jedoch nicht das Wissen als solches, sondern das Vertrauen, daß dies auch bei Dir so ist, und damit die begründete Hoffnung, daß die Angst Dich nicht ewig überfluten darf. Darum dann auch die vorhin erwähnten Übungen des Lassens, in denen sich solches Vertrauen betätigt. Du bist ein kritischer, nachdenklicher Mensch. Das kann ein großer Vorteil sein, denn so kannst Du Dir die Zusammenhänge auch verstandesmäßig klar machen und etwas Distanz zwischen Dich und Deine Angst legen.

Am schönsten ist es natürlich, wenn Du für solche Übungen fachkundigen Beistand hast. Du solltest Dich nicht schämen, solche Hilfe zu suchen und in Anspruch zu nehmen. Vielleicht spürst Du ja schon, daß diese Art von Übung anderer Natur ist als Bedienungsanleitungen. Vorausgesetzt, daß solche Anweisungen einigermaßen verständlich formuliert sind, kann derjenige, der sich genau an den Wortlaut hält, eigentlich nichts falsch machen. Aber hier geht es nicht um die Beherrschung einer Technik. Für alle Übungen im Persönlichkeitsbereich gilt, daß die jeweiligen Fehlhaltungen des Übenden voll mit in die Übung eingehen, sozusagen immer gleich mit eingeübt werden, es sei denn, daß ein Kundiger da ist, der ein Auge für solche Vorgänge hat und darum bemüht ist, daß nicht am Ende der Übung die alten Fehlhaltungen verstärkt sind. Es gibt eine geläufige Devise, die von vielen Therapeuten bei der Behandlung von Angstzuständen angewandt wird: Angstmachende Situationen sind aufzusuchen. Wer also volle Säle scheut, soll gerade solche Räume aufsuchen und sich dann bitte auch nicht auf den Platz setzen, der dem Ausgang am nächsten ist, sondern mitten in der Menge Platz nehmen. Das ist ein gut begründeter Grundsatz, denn wer im Gegenteil angsterregende Situationen meidet, muß damit rechnen, daß der Lebenskreis, in dem er oder sie sich frei bewegen kann, immer kleiner wird. Wenn es aber nun darum geht, den schönen Grundsatz in die Tat umzusetzen, ist alles daran gelegen, daß die Dosierung stimmt. Was von seiten des Therapeuten zu erwarten ist, ist ein untrügliches Feingefühl für das, was dem leidenden Menschen heute möglich ist und was nicht. Verlangt er zu wenig, so nützt die Übung nichts; verlangt er zuviel, wird er die Angstzustände nur noch schlimmer machen. Therapeutische Arbeit ist im seelischen Bereich in etwa das, was bei manchen operativen Behandlungen (zum Beispiel bei Bandscheibenoperationen) gilt: Ein zehntel Millimeter entscheidet über Gesundung oder lebenslange Lähmung.

Je mehr Du Dich mit diesen Problemen beschäftigst, umso deutlicher wird Dir werden, wie bei der Frage der Überwindung Deiner Angstzustände immer die Grundfrage im Spiel ist, welche Einstellung Du zu Dir selbst hast, zumal zu Deinem Körper. Und dabei wird ein Aspekt besondere Bedeutung haben: Je mehr Du mit der Unvollkommenheit des Daseins, Deines eigenen leibhaftigen Daseins, auf Kriegsfuß stehst, um so schwerer machst Du Dir Dein Leben. Wenn Dinge, die im Grunde genommen ganz natürlich sind, eigentlich nicht sein dürfen, findet die Angst reichlich Nahrung, und ein gesundes Verhältnis zu Krankheit und Leid kann sich schlecht ausbilden. Darum versöhne Dich mit all Deinen Unvollkommenheiten und sieh darin Deine größte Lebensaufgabe.

Meine Schwächen,
meine Schuld

Ich konnte schon als Kind
nicht verlieren

Ich konnte schon als Kind beim Spielen nicht verlieren. Ich
mußte immer gewinnen, um jeden Preis. Zwar habe ich fast nie
gemogelt, dazu war ich zu ehrlich, aber wenn ich merkte, daß
ich nicht gewinnen konnte, bin ich mehr als einmal einfach
davon gelaufen oder habe etwa beim Mensch-ärgere-dich-
nicht-Spiel alle Figuren über den Haufen geworfen.

Das war wohl eine schwere Zeit für Dich. Unbedingt
gewinnen müssen ist schrecklich. Es ist ja ganz gegen
die Spielidee und gegen jede Spielfreude. Ich kann mir
schon ein wenig vorstellen, wie es Dir ging. Warst Du der
Sieger, so warst Du persönlich zufrieden, aber Deine tri-
umphalen Gebärden gingen Deinen Mitspielern auf den
Geist und machten Dich nicht eben beliebt bei ihnen. Droh-
te aber eine Niederlage, dann ging für Dich die Welt unter.
Es war, als würdest Du nicht nur ein Spiel verlieren, sondern Leben und Ansehen. Ich ahne auch etwas vom Hintergrund solcher Tragödien. Daß ein Kind beim Spielen so

reagiert, hat ja immer eine Vorgeschichte. Es setzt eine Umgebung voraus, wo ein Elternteil oder gar das ganze Familienklima eine stark zwanghafte Neigung hat und wenig Humor besitzt. Da werden leicht alle Dinge eigenartig überwertig. Das Tun etwa des Vaters bekommt einen übermäßigen Ernst, erscheint vielleicht sogar bei entsprechender religiöser Einstellung als heilig. Nichts ist harmlos, nicht ist nebensächlich. Alles ist Kampf (und in Wirklichkeit meistens Krampf), und immer geht es dabei um Sein oder Nichtsein. So wird dann auch bei einem Kind leicht alles übergewichtig. Vielleicht bist auch Du immer mit der Angst zu versagen herumgelaufen, hast ständig mit dem Gefühl gelebt, eigentlich überfordert zu sein, und Niederlagen durfte es für dich auf keinen Fall geben.

Wenn aber die Pferde einmal wieder mit Dir durchgegangen waren, dann wurde damit eine Kettenreaktion in Gang gesetzt. Von elterlicher Seite gab es Drohungen, Sanktionen und Strafen, für Deine Mitspieler warst Du der Spielverderber, und das ist unter Kindern etwas ziemlich Schlimmes. Dadurch wurde Deine innere Situation noch übler. Denn zu dem inneren Diktat, unbedingt gewinnen zu müssen, kam nun als zweite, kaum weniger schwere Forderung die Notwendigkeit, sich zu beherrschen und auf keinen Fall aus der Rolle zu fallen. Und niemand sah Deine Not, weil es für alle nur ein charakterliches Versagen war, das sie moralisch werteten, so daß sie nicht merkten, wie schlecht es Dir ging, und daß Du auf diese Weise eine ganz schwarze Kunst gelernt hast: die Kunst, Dich zu hassen und zu verdammen.

Und heute? Auf der einen Seite hast Du inzwischen gelernt, daß Spielen etwas anderes ist als der Darwinsche Kampf ums Dasein. Du spielst selten, aber wenn Du die falschen Karten erwischt hast, schmeißt Du nicht gleich alles hin. Aber etwas von der Grundstimmug Deiner Kindertage ist geblieben, und sie plagt Dich am meisten bei Deiner Arbeit. Es ist dies Gefühl einer Überwertigkeit aller

Dinge. Wo eigentlich der gesunde Wunsch, etwas Gutes zu schaffen, stehen sollte, kommt bei Dir leicht eine Verbissenheit auf. Dann regt sich der alte Selbsthaß wieder, so daß in Dein Schaffen ein tödlicher Ernst kommt, auch wenn es nur darum geht, einen Kuchen zu backen. Unser Leben ist mehr Spiel, als so mancher denkt, und das Spielen der Kinder ist nicht spielerische Vorbereitung auf den tödlichen Ernst der Erwachsenen, sondern auf den spielerischen Charakter des Daseins überhaupt. Verlieren lernen, verlieren können, ist dabei ein ganz wesentlicher Teilaspekt. Mit Anstand verlieren kannst Du nur, wenn Du weißt, daß Du verlieren darfst. Spielen wird nicht erst durch Gewinnen schön, sondern ist an sich etwas Gutes. Du kannst es im modernen Sport sehen, was aus einem Menschen oder einer Mannschaft wird, die unbedingt gewinnen muß, und wie schließlich auch die Spielidee beispielsweise des Fußballs leidet, wenn Millionen auf dem Spiel stehen oder Arbeitsplätze oder Ruhm und Ansehen. Dann bekommt das Spiel etwas Gnadenloses, es wird zum Spiegelbild der gnadenlosen Existenzkämpfe in unserer Gesellschaft mit ihren Verdrängungswettbewerben, wo doch eigentlich die Welt des Spiels – Gott sei Dank – Raum offenhält für die gnädige Seite unseres Daseins.

Natürlich gibt es im Leben Situationen, in denen es um Sein oder Nichtsein geht: wo ein Arzt um das Leben eines Patienten kämpft; wo Du mit einer schlimmen Versuchung ringst; wo es darum geht, einer Diktatur zu wehren; wo eine Prüfung bestanden sein will. Unendlich viele Situationen dieser Art lassen sich aufzählen. Und doch ist dies nur ein Teilaspekt. Und so sehr Du im Recht bist, wenn Dir daran liegt, in solchen Situationen nicht zu versagen, wenn Du in derartigen Auseinandersetzungen alle Kräfte mobilisierst – Dein Leben muß schrecklich werden, wenn es von morgens bis abends immer nur um Sein oder Nichtsein gehen soll. Wer einen Teilaspekt zum Schlüssel für das Ganze macht, zerstört die Freude, die uns doch eigentlich bestimmt ist. Du hast ein Spiel verloren, ein Werk ist dir nicht geglückt oder zumindest nicht ganz geglückt, aber damit hast Du doch nicht die Menschenwürde verloren, nicht das Recht auf Freude und vor allem: nicht das Recht auf ein neues Spiel.

Es gibt viele Übungen, die Dir auf diesem Weg hilfreich sein können, so daß Du mehr und mehr von der tyrannischen Einrede »Du mußt unbedingt gewinnen« frei wirst. Im Grunde genommen ist ja jedes Spiel eine solche Übung, und auch die meisten Aufgaben, die uns in unserem Beruf gestellt sind, sind ein Übungsfeld für uns, sogar wenn unser Beruf mit dem Heiligen zu tun hat. Und hast Du schon einmal gesehen, daß die großen Sieger, die selten oder nie verlieren, die sich selbst gerne als Siegertyp oder Erfolgsgaranten bezeichnen, in der Regel zwar reichlich bewundert werden, selten jedoch geliebt? Du kannst es selbst probieren: bei einem Menschen, dem alles glückt, findet die Liebe einfach keinen Haftpunkt. Du solltest Dich entscheiden, was Du möchtest: geliebt werden oder bewundert?

Denn, so merkwürdig es klingt, unsere Niederlagen sind es, die uns menschlich machen. Sich erfolgreich durchsetzen kann jedes kräftige Tier, mit Anstand zu verlieren ist eine Zumutung, die Gott der Schöpfer nur für uns Menschen vorgesehen hat. Die Kunst, mit Würde zu verlieren, muß jeder von uns rechtzeitig lernen, denn je älter wir werden, um so mehr müssen wir damit zurechtkommen, daß die Jüngeren uns rechts und links überholen, einer nach dem anderen und immer mehr, und am Ende wird auch der schnellste Läufer eingeholt von dem, der Tod heißt. Du glaubst an Gottes Güte und Gnade? Gut, aber dieser Glaube will umgesetzt sein in Freundlichkeit und Humor im Umgang mit sich selbst. Gut, daß es soviele Spiele gibt, in denen sich das ganz nebenbei ein wenig üben läßt.

Ich habe
alles falsch gemacht

Ich denke, ich habe in meinem Leben alles falsch gemacht, vor allem in der Erziehung meiner Kinder. Zwar habe ich es immer gut mit ihnen gemeint, aber heute machen sie mir bittere Vorwürfe, und ich muß eingestehen, daß ich auf der ganzen Linie versagt habe. Ich war meinen Kindern nicht die Mutter, die ich hätte sein sollen. Hätte ich doch mehr auf Gottes Wort gehört!

Manchmal möchte man denken, mit zunehmendem Alter werde das Leben leichter. Ich gewinne doch immer mehr Erfahrung, weiß immer besser, wo es langgeht. Doch in Wirklichkeit ist es eher umgekehrt. Unser Leben ist einer Bergbesteigung ähnlich, bei der der steilste Anstieg erst gegen Ende auf uns wartet.

Wesentlich zu diesem Eindruck wird der Scherbenhaufen beitragen, vor dem wir irgendwann stehen, wenn wir unser Lebenswerk aus einer gewissen Höhe betrachten. Und je älter wir werden, desto größer wird dieser Haufen. Auf unserem Sparkonto ist durch Fleiß und Sparsamkeit ein respektables Guthaben entstanden. Aber auf unserem Lebenskonto kommen wir von Jahr zu Jahr mehr in die roten Zahlen. Der Schuldenberg wird immer höher.

Doch auch unsere Schuld ist uns nicht einfach als Faktum gegeben. Auch hier lautet die spannende Frage: Wie stehst Du zu dem, was da offenkundig schiefgelaufen ist? Es ist schon ein Gewinn, wenn Du im Lauf vieler Jahre die kindliche Neigung, Schuld zu verharmlosen und einfach wegzulügen, abgelegt hast. Sich zu seiner Schuld bekennen ist ein Zeichen gewachsener Tapferkeit. Doch Sündenbekenntnisse haben auch ihre Probleme. Es gibt so manche Unreife, die hier zu Tage treten kann. Da ist die Neigung zu zwanghafter Selbstbezichtigung, die manche frommen Kreise und mitunter auch eine ganz säkulare Partei wie die orthodoxen Kommunisten so schrecklich fördern. Da muß sich jemand ständig für etwas entschuldigen, vielleicht sogar für Dinge, für die er gar nicht verantwortlich ist. Alle Nase lang ist eine Beichte fällig, immer muß noch etwas in Ordnung gebracht werden. Meistens verknüpft sich mit diesen Erinnerungsstücken aus Kindertagen eine durch und durch moralisierende Auffassung von Schuld. Es sind immer die Dinge, die mit etwas gutem Willen eigentlich zu schaffen gewesen wären. Es sind die kleinen Unarten des Alltags, an denen auch ein Erwachsenenleben so reich sein kann. Und meistens verbindet sich damit die Hybris, die meint, mit vermehrter Willensanstrengung den Fehler irgendwann ausrotten zu können. Interessanterweise sind die zugegebenen, vielleicht auch gebeichteten Fehler oft gar nicht das, was den anderen so an Dir zu schaffen macht. Du bezichtigst Dich der Dinge, über die sie freundlich lächelnd hinweggehen, und bleibst blind für das, was ihnen den Umgang mit Dir wirklich schwer macht. Du kennst eben nur die große und die kleine Moral und weißt nicht, was Schuld im existentiellen Sinne ist.

Existenzschuld? Sie geht aller moralischen Schuld voraus und hat einen ganz anderen Charakter. Das Wort meint den garstigen Graben, der allemal zwischen dem klafft, was wir sind, und dem, was wir sein könnten. Ich denke, dies ist die eigentlich schmerzliche Einsicht, die auf uns wartet und viel Tapferkeit von uns verlangt. Hier geht es nicht um einzelne Verfehlungen, die sich in Raum und Zeit datieren lassen, sondern um eine angeborene Fehlhaltung. Sie ist es, die das mißverständliche Wort »Erbsünde«

eigentlich meint. Es gibt viele Aspekte, unter denen sich diese Fehlhaltung beschreiben läßt. Sie hat etwas zu tun mit ungenutzten Chancen, mit Gelegenheiten, die wir verpaßt haben, die wir noch nicht einmal wahrgenommen haben. Sie hängt zusammen mit der Existenzangst, die uns wie ein Schatten begleitet und unser Tun und Lassen verfälscht. Sie kommt von einem tiefen Mangel an Aufrichtigkeit, von den Lebenslügen, mit denen wir uns durchs Leben mogeln. Wenn ein Mensch dieser Seite seines Lebens zum ersten Mal ansichtig wird, kommt dies einer Blindenheilung gleich, und wir spüren, warum es unseren Mitmenschen manchmal so schwerfällt, uns zu ertragen.

Du klagst über Dein Versagen Deinen Kindern gegenüber. Erlaube mir, daß ich nicht nur auf die Worte achte, sondern auch auf ihren Klang. Und gestatte mir auch, daß ich ein wenig zwischen den Zeilen lese. Sind es nicht am Ende doch nur moralische Versäumnisse, die Dich quälen? Und steht nicht die moralisierende Betrachtungsweise einer Erkenntnis der eigentlichen Misere im Wege?

Mit dieser aber hat es eine ganz merkwürdige Bewandtnis: Wo ein Mensch sich seines existenziellen Versagens bewußt wird, verliert er im gleichen Augenblick den schrecklichen Zwang zur Selbstrechtfertigung, auch in ihren sublimsten und raffiniertesten Formen. Es kann sein, daß es Dir nicht sofort bewußt wird, aber es ist so. Du siehst, daß alles noch viel schlimmer ist, als Du gedacht hast, und bist im gleichen Augenblick auf wunderbare Weise frei. Du erkennst das Schlimmste, Du verstehst auch, warum Du Dich dieser Erkenntnis so lange verweigert hast, und gewinnst gleichzeitig das Größte, und Du spürst nach einiger Zeit, wie diese Art von Schulderkenntnis so ganz anders ist als der Katzenjammer einer moralischen Katerstimmung. Denn ob Du religiös bist oder nicht, ob Du in der Sprache der Kirche zu Hause bist oder nicht, für unsere Existenzschuld kann nur einer aufkommen, und das ist Gott, das Leben selbst. Und darum wirst Du

angesichts von dieser Schuld auch nicht tod-traurig sein
können, sondern eine Traurigkeit erleben, die mit einer
ganz tiefen Freude Hand in Hand geht und Dir Hoffnung
gibt, daß allen Deinen Versäumnissen zum Trotz eben
doch nicht alles verloren ist, auch für Deine Kinder nicht.

Leben mit Schuld,
die nicht wieder gutzumachen ist

Ich muß mit einer Schuld leben, die nicht wieder gutzumachen
ist. Durch meine Fahrlässigkeit hat ein Mensch sein Leben
verloren. Ich glaube, ich kann meines Lebens nie wieder froh
werden.

Es fällt mir sehr, sehr schwer, Dir dazu etwas zu sagen.
Am liebsten würde ich zunächst ganz lange schweigen. Nicht daß ich Dir in Deinem Schmerz nur das sagen
wollte, was Judas von seinen Auftraggebern zu hören be-
kam, als ihm klar geworden war, was er angerichtet hatte:
»Da siehe du zu!« Nein, ich möchte bei Dir sein, bei Dir
schweigen und mit Dir schweigen, denn die Sache, um die
es geht, ist vielleicht die schwerste Last, die einem Menschen aufgebürdet werden kann. Ich muß an Hiob denken,
den seine drei Freunde besuchten, um ihn in seinem Leid
zu trösten. Ihnen ging es ähnlich wie mir. Sie fühlten: Jedes
schnelle Wort, und sei es noch so richtig, noch so gut gemeint, ist hier unpassend, und darum schwiegen sie sieben
Tage lang, ehe sie das Gespräch begannen. Nach dem Urteil der Bibel war es immer noch zu früh.

Aber irgendwann verwandelt sich das respektvolle
Schweigen in etwas Unangemessenes. Deine Fragen
schweigen ja auch nicht, und Deine Klage über Dein
Schicksal kommt schließlich an den Punkt, wo Du alles gesagt hast, vielleicht viele Male gesagt hast, und Du bist wie

jemand, dem keine Tränen mehr kommen wollen, weil er sich ausgeweint hat.

Ja, es ist wohl so: mit einer solchen Schuld leben ist unglaublich schwer, und wer es nicht selbst wenigstens etwas erfahren hat, kann es nicht ermessen. Merkwürdig: Die allermeisten Menschen, wenn man sie fragt, was für sie das größte Unglück ist, nennen etwas, das ihnen widerfahren könnte: Krieg, Krankheit, Siechtum, Verlust eines mir sehr lieben Menschen. Aber was sind solche Schicksalsschläge dagegen, daß ich meinerseits schlimmen Schaden angerichtet habe, Schaden, der sich nicht reparieren läßt? Wenn ich mich selbst nicht von dem Vorwurf freisprechen kann, daß es meine Schuld war, daß es nicht hätte sein müssen, wenn ich ..., ja, wenn ich ...! Aber alles Wünschen kann nur Zukünftiges bewegen, die Welt des Geschehenen ist für unser Wünschen absolut unzugänglich. Und die Menschen, die um den trauern, der da durch mein Verschulden das Leben verloren hat ...? Wer hier etwas verharmlosen wollte, hat nicht begriffen, was Schuld ist und was das Wort »unwiederbringlich« besagt.

Ich kann verstehen, wenn Du sagst, daß Du Deines Lebens nicht wieder froh werden kannst. Wahrscheinlich hast Du Recht. Auch wenn bei dem schrecklichen Geschehen keine böse Absicht mit im Spiel war – Du bist ein Mensch, dem mit billigen Entschuldigungen nicht zu helfen ist. Vor allem die harmlose, leichtfertige und oberflächliche Freude, sie wird Dir so schnell nicht wieder kommen. Ob Abraham seines Lebens noch einmal froh geworden ist, nachdem er auf dem Berg Hand an Isaak, seinen einzigen Sohn, den Geliebten, gelegt hatte? Dabei hatte er es doch nicht in böser Absicht getan, auch nicht aus Fahrlässigkeit, sondern er war von Gott dazu genötigt worden; und Isaak war rechtzeitig gerettet worden, Abrahams Messer hatte ihm keinen Schaden getan. Nein, es gibt Menschen, aus deren Leben sich die Freude aus diesem oder jenem Grunde ganz weit zurückgezogen hat, und vielleicht kommt sie niemals zurück. Unserer der oberflächlichen Unterhaltung verschriebenen Zeit täte es gut, mehr zur Kenntnis zu nehmen, daß es solche Menschen gibt, und daß es gar nicht so wenige sind, die das Lachen verlernt haben und es vielleicht auch niemals wieder lernen werden.

Und doch liegt das Leben nicht wie etwas Dumpfes vor Dir, das Dich nun mit seinen Lasten schicksalhaft überfällt. Ob Du manchmal die Versuchung spürst, Dich einfach aus dem Leben davonzustehlen? Einfach Schluß zu machen? Sich aufmachen in ein Land, wo Du hoffentlich nichts mehr hörst und siehst und keine bohrenden Fragen Dich von innen auffressen? Viele Menschen in ähnlicher Lage gehen diesen Weg. Bilanz-Selbstmord heißt das dann in der Sprache der Fachkundigen. Aber ob Du vielleicht auch spürst, daß Du so nur dem geschehenen Unheil ein zweites, auch nicht wieder gut zu machendes, hinzufügst? Vielleicht ist der Widerstand gegen diese Versuchung erst einmal die einzige Form von Freiheit, Tapferkeit und Lebensbejahung, die Dir geblieben ist.

Ähnlich steht es mit einer zweiten, sehr ähnlichen Versuchung, der viele Menschen in vergleichbarer Lage erliegen: sich betäuben, mit Alkohol, mit Drogen. Ich mag nicht moralischer Richter sein über die vielen Menschen, die keinen anderen Ausweg mehr sehen als diesen. Zu laut klingt in mir das Wort Jesu: »Wer unter euch ohne Sünde ist, werfe den ersten Stein.« Aber ich mag auch nicht gelten lassen, daß es wirklich keine Wahl mehr gibt in solcher Lage und keine Verantwortung. Das Leben möchte nicht, daß Du Dich aufgibst, und darum wird es nicht aufhören, Dich zu rufen und zu locken. Es wird Dich immer wieder vor diese eigenartige Wahl stellen: daß Du entweder allem Geschehenen zum Trotz daran festhältst, daß Du Mensch bist und bleibst und daß in dem Wort Mensch ein Wert beschlossen liegt, der durch nichts auszulöschen ist, oder den Glauben an diesen Wert aufgibst und Dich verwahrlosen läßt, und sei es mit der allerbittersten Konsequenz, die man sich denken kann, daß Du Dein Leben fortwirfst.

Christen sprechen gerne von Vergebung und glauben, daß es keine Sünde gibt, die unvergebbar wäre. Ich könnte mir denken, daß Dich diese Botschaft nicht richtig erreicht. Du bist viel zu ehrlich, als daß Du sie wie ein Schmerzmittel auf Deine Wunden legen magst. Du weißt: dadurch daß Du Vergebung empfängst, wird kein Toter lebendig und das Leid derer, die ihn liebten, nicht gemindert. Darum frage ich auch nicht, ob Du an die Vergebung der Sünden glaubst. Aber eine andere Frage habe ich: Glaubst Du daran, daß es heilende Mächte zwischen Himmel und Erde gibt, die unser Leben unsichtbar durchwalten? Die Alten nannten diese Mächte »Engel«. Halte Dich nicht auf bei der Frage, wie solche Wesen aussehen. Das tut wenig zur Sache. Aber hast Du ihr Wirken irgendwann, irgendwie wahrgenommen? Kannst Du in Deinem Herzen den Wunsch nähren, daß sich diese heilenden Kräfte liebevoll derer annehmen, die durch Deine Fahrlässigkeit in tiefe Traurigkeit gestürzt sind? Kannst Du die Trauernden ihnen anbefehlen? Vielleicht vermögen sie ja zu tun, was Dir versagt bleibt.

Es wäre sicher noch manches zu bedenken und zu sagen. Es gibt so viele Themen, die sich dem aufdrängen, der das erfahren hat, was Du erfahren mußtest. Nur eine Bitte habe ich noch: Stelle Dich der Frage, was die tieferen Ursachen dessen sind, was Du »Fahrlässigkeit« nennst. Ich möchte Dein Herz nicht noch schwerer machen, als es ohnehin ist. Darum ist es wichtig, daß Du meine Frage nicht so aufnimmst, als treibe sie Dich zu einer Art moralischer Gewissensforschung. Nein, es geht um eine sehr schlichte und sehr sachliche Frage: Wie ging es Dir an dem Tag, als »es« passierte? Wo war Dein Herz in der kurzen Zeit vor dem Schrecklichen? Und wenn Du nicht allein warst – worüber habt Ihr miteinander gesprochen?

Nicht nur Du persönlich, wir alle müssen aus solchen

Erfahrungen lernen. Ich denke an die vielen Verkehrsunfälle. Im Polizeibericht liest man als Unfallursache oft die nüchterne Feststellung »Nicht angepaßte Geschwindigkeit« oder »Mißachtung der Vorfahrt«. Aber viel wichtiger ist die Beantwortung der Frage, was sich im Vorfeld solchen Fehlverhaltens zugetragen hat. Wie konnte es dazu kommen, daß jemand, der eigentlich durchaus vorsichtig und verantwortungsbewußt fährt, plötzlich zu einem riskanten Überholmanöver ansetzt und sich und andere in Gefahr bringt? Daß jemand, der tausendmal vor dem Fahrbahnwechsel über seine Schulter geschaut hat, dies einmal nicht getan hat? Wie war es, als er oder sie sich ans Steuer setzte? War ein Streit vorausgegangen? War da gerade eine bittere Enttäuschung? Gab es Warnzeichen der Seele, die aber kein Gehör fanden? War da so etwas wie Übermut, der die gewohnten Sicherungen durchbrennen ließ?

Es gibt Situationen, wo es besser ist, sich nicht ans Steuer zu setzen oder mit dem gefährlichen Werkzeug zu arbeiten. Oder wo man wenigstens erst einmal innehalten sollte, bis die aufgewühlte Seele wieder hinreichend zur Ruhe gekommen ist, oder das übermüdete Wahrnehmungsvermögen wieder erwacht ist. Ich bitte Dich, daß Du Dich diesen Fragen stellst, und ich traue es Dir zu, daß Du die nötige Ehrlichkeit und Tapferkeit aufbringst. Wir alle müssen es tun, wieder und wieder, um des Lebens willen, das nicht will, daß wir zu Opfern unserer eigenen Leichtfertigkeit werden. Hermann Hesse sagt in einem seiner Gedichte: »Des Lebens Ruf an uns wird niemals enden«. Daß Du dies in Deiner tiefen Not spürst, wenigstens hin und wieder ganz leise spürst, wünsche ich Dir aus tiefstem Herzen.

Wünsche
und Bitten

Wunschlos glücklich?

Es ist so schwer, wenn man sich etwas wünschen soll.

Wirklich? Warum soll das so schwer sein? Fällt Dir nichts ein? Wenn Dir das Leben einmal freundlich zulächelt, wenn es Dir wie im Märchen, einen oder gar mehrere Wünsche freistellt, dann weißt Du nichts? Bist Du wirklich wunschlos glücklich, wie Du manchmal sagst? Das ist ja schon beinah überirdisch, der Zustand, den die Ewigkeit für uns bereithält. Vielleicht bist Du zum Wünschen zu vernünftig oder auch zu skeptisch. Oder hast Du Dir das Wünschen selbst versagt, weil es Dir unredlich vorkommt? Vielleicht hast Du Dein Leben in selbstloser Weise darauf ausgerichtet, anderen die Wünsche von den Augen abzulesen, vielleicht hast Du es in dieser Kunst zu hoher Meisterschaft gebracht. Aber dabei hast Du es verlernt, auf Dein eigenes Herz zu hören. Vielleicht merkst Du es schon gar nicht mehr, mit welcher Strenge Du Dir schon seit vielen, vielen Jahren versagst, wonach Du Dich sehnst.

Ach, ich würde Dich am liebsten bei der Hand nehmen und Dich hineinführen in das Wunderland der Wünsche. Es ist wirklich ein Wunderland, mit bunten Farben, und den seltsamen Blüten unserer Phantasie. Ich würde Dich so gerne das Staunen lehren vor all dem, was da wächst. Große Pflanzen mit kräftigem Stamm und starken Blüten, und dazwischen auch so viel kleines Grün, zierlich und mannigfaltig. Da gibt es Gewächse, die hier in unglaublicher Fülle gedeihen, und dazwischen auch wieder seltene, überaus originelle Blumen. Und manches schießt üppig ins Kraut, während anderes vom Aussterben bedroht scheint. Zauberhafte Düfte durchziehen den Garten, wenn ihn der Wind nur ein wenig durchweht. Und zwischen den Pflanzen quellen Brunnen, fließen Bäche, sprudeln Wasserkünste. Und Schmetterlinge gibt es in herrlicher Pracht der Farben und Formen, die leichten Fluges durch die Blütenwelt segeln. Was meinst Du: ist es nicht schön, hier zu verweilen? Und Du hast doch beim Eintritt kein Schild gesehen, das uns den Zutritt versagte? Ist es nicht ein Jammer, daß Du diesen Garten so vernachlässigst? Oder hast Du den Schlüssel verloren?

Es gibt eine einfache Übung. In ihrer Grundgestalt habe ich sie in einer der Zeitschriften gefunden, die bei Zahnärzten oder Friseuren auszuliegen pflegen. Die Anweisung lautete ganz einfach so: Nimm Dir Zeit, setz Dich mit Deinen Schreibutensilien an einen Ort, wo Du ungestört bist, und dann fang an mit der Überschrift: »Was ich schon immer gerne wollte …«. Und dann schreib alles auf, was Dir in den Sinn kommt, auch das, was Dir zunächst lächerlich oder völlig utopisch erscheint. Schreib solange, bis die Quelle Deiner Wünsche versiegt! Die Anweisung ging dann folgendermaßen weiter: Sich nun die aufgeschriebenen Wünsche vornehmen und ihre Erfüllung in Angriff nehmen! Und am nächsten Tag prüfen, was alles schon ausgeführt ist, das Ausgeführte löschen, alles aber, was noch unerfüllt ist, noch einmal abschreiben. (Das Letztere mache ich nicht, aus der Übung soll ja nicht eine Strafarbeit werden). Und so sollte man dann weitermachen, bis auch der letzte Wunsch abgehakt ist. Das Verfahren ist vielleicht ein bißchen amerikanisch, aber das macht nichts, der Grundgedanke ist sehr hilfreich, Du mußt es nur probieren.

Ich füge noch ein paar Gesichtspunkte hinzu, die nicht in der Illustrierten standen. Du kannst die Grundfrage auch etwas spezifizieren, zum Beispiel: Was ich schon immer gerne lernen wollte. Oder: was ich schon immer gerne sehen und hören oder lesen wollte. Oder: Ein Mensch, den ich gerne einmal wieder besuchen würde. – Sehr lohnend ist es, das Aufgeschriebene mit einer guten Freundin, einem treuen Freund auszutauschen. Ein solches Gespräch wird Euch bestimmt einander näherbringen. Darf Dein Freund dann auch bei Gelegenheit fragen, wie es mit der Erfüllung der Wünsche steht? Das ist ja doch eine menschlichere Methode als das stupide Abschreiben. Und das auf Deiner Liste, was vielleicht wirklich in diesem Leben unerfüllbar ist – wem magst du es am liebsten anvertrauen? Bei wem ist es am besten aufgehoben?

Vielleicht kommt Dir auch bei einer solchen Übung plötzlich in den Sinn, daß Du so etwas wie einen Herzenswunsch hast. Ja, im Garten der Wünsche gibt es auch so etwas wie eine Victoria Regia, eine Königinnenblume. Gewaltig groß ist sie, doch zugleich sehr zart und verletzlich, und nur ein einziges Exemplar von ihr gibt es hier. Hast Du es schon entdeckt? Wo aber bleiben die Einwände, die Du doch eigentlich gegen das Wünschen hast? Natürlich gibt es törichte Wünsche, deren Erfüllung uns nur Schaden bringen würde. Märchen wissen von solchen Torheiten zu erzählen. Aber es wäre ein Jammer, wenn Du denkst: Ehe ich mir etwas Verkehrtes wünsche, wünsche ich mir gar nichts. Weißt Du so genau, was töricht ist und was klug? Wo verläuft denn die Grenze zwischen kühnen Wünschen und unsinnigem Begehren? Nicht umsonst warnt das biblische Gleichnis davor, das vermeintliche Unkraut allzu schnell ausraufen zu wollen. Sicher gibt es unerfüllbare Wünsche. Sie können uns viele Schmerzen bereiten, wenn es uns nicht gelingt, uns von ihnen zu lösen. Aber auch hier gilt, daß es nicht gut ist, wenn wir solche Wünsche zu schnell abschreiben. Und wie steht es mit dem Ethos, das Dir verbietet, eigene Wünsche zu haben? Vielleicht bist Du in der Nähe eines Menschen aufgewachsen, der wie ein Engel war. Ein Mensch, der einzig im Dasein für andere sein Glück suchte. Es gibt keinen Grund, solche Hochherzigkeit prinzipiell zu verdächtigen. Aber eines gilt: Wo das Leben selbst an uns herantritt und uns auffordert, einen Wunsch auszusprechen, da wird niemand ungestraft sagen: »Ich weiß nicht, was ich wünschen soll«. Klüger sein als das Leben, frommer sein als die Heiligen – das kann nicht gut gehen. Wieso kann das nicht gut gehen? Weil in unseren Wünschen ein gutes Teil unserer Lebensenergien steckt. Wer seine eigenen Wünsche immer nur wie Unkraut behandelt, das man ausrotten und verbrennen muß, greift sich selber an und zerstört die wichtigste Voraussetzung aller Lebensvollzüge: das freie Fließen der Lebenskraft, mit der jeder von uns ausgestattet ist.

Ich traue mich nicht
zu fragen ...

Wenn ich durch eine fremde Stadt gehe und meinen Weg nicht genau weiß, traue ich mich nicht zu fragen. Lieber probiere ich es auf eigene Faust, oder ich versuche, mich an einem öffentlich aushängenden Stadtplan zu orientieren ...

... und machst auf diese Weise allerhand unnötige Umwege. Mit den Fragen ist es ähnlich wie mit den Wünschen. Fragen können, fragen müssen ist etwas sehr Menschliches. Warum fällt es Dir so schwer?

Aber während Du vielleicht noch nach einer Antwort auf meine Frage suchst, will ich versuchen, Dir das Fragen ein bißchen lieb zu machen. Auf manche Tugend haben Menschen ein »Hoheslied« geschrieben, auf die Liebe, auf den Glauben, auf die Freundestreue. Ich will versuchen, einmal ein »Hoheslied des Fragens« zu schreiben. Vielleicht fällt es etwas stümperhaft aus und kann sich mit den großen literarischen Vorbildern nicht messen. Aber das macht nichts, ich tue mein Bestes, und vielleicht regt es ja einen Größeren an, einmal etwas Schwungvolleres zu schreiben.

Preisen will ich also das Fragen, und schon vor der Vielfalt seiner Möglichkeiten bleibe ich staunend stehen:

Fragen kann ich nach Person und Sache,
nach Ort und Zeit,

nach Maß und Mittel,
nach Grund und Ziel.

Wer Fragen stellt, erweist Vertrauen,
und darum tut es uns so gut,
wann immer jemand fragend mit uns spricht.

Fragen sind Geburtshelfer des inneren Lebens;
nur eine einzige, geschickt gestellte Frage,
und neues Leben drängt ans Licht der Welt.

Urfragen gibt es,
die uns treffen:
Adam, wo bist du?
Wo ist dein Bruder Abel?
Willst du gesund werden?
Was willst du, daß ich dir tun soll?
Urfragen, die Gott selbst uns Menschen stellt,
Fragen, die das Ziel uns zeigen,
Fragen, die den Weg uns weisen.

Und Fragen sind wie dürres Holz,
geworfen in die schwache Glut erloschener
Gespräche,
und wieder prasselt hell das Feuer,
und wieder spürt das Herz ein heißes Glühn.

Fragen geben dem Erfragten Wert –
fragwürdig sein – welch schönes Kompliment!

Demütig ist, wer ernstlich fragt,
er schämt sich seiner Dummheit nicht,
und wirklich Meister ist nur der zu nennen,
der gute Fragen stellen kann.

Solange wir Menschen leben, solange werden wir etwas
zu fragen haben. Wer keine Fragen hat, ist lebendig tot. So
mancher aber wurde totgemacht, indem man ihm oder ihr
zu oft entgegenhielt: Wie kann man nur so dumm fragen?

Auch das diktatorische »So darf man nicht fragen« (vielleicht noch mit der zusätzlichen Belehrung, wie man richtigerweise fragen müsse) ist ein Totschläger. Glaubst Du an die Auferstehung der Toten?

So mancher leidet darunter, daß er sich so wenig spürt. Wir kommen uns so leer vor, so lahm, ja, fast als wären wir tot. Aber auch in unseren Fragen ist viel Energie verborgen. Fragen sind der Wunsch zu wissen. Sind unsere Fragen blockiert, dann ist mit ihnen auch viel Energie gestaut. Wenn Du Deine Fragen wieder entdeckst, wenn Du sie wieder kommen läßt, wird auch Deine Energie wieder fließen. Mit den Fragen aber kehrt auch die Freude zurück.

Niemandem
zur Last sein?

Ich möchte niemandem zur Last fallen.

Ja, »edel sei der Mensch, hilfreich und gut«, so hat es Goethe gesagt, und der Apostel fordert die Gläubigen auf: »Einer trage des anderen Last«. So hast auch Du es offenbar zum Leitspruch Deines Lebens erkoren, niemandem lästig werden, sondern selber da zupacken, wo die Mühseligen und Beladenen der Welt unter ihren Lasten zusammenbrechen.

Aber einen Spruch, der etwa so lautet: »Keiner falle dem anderen zur Last«, wirst Du weder bei Goethe noch in der Bibel finden. Warum? Im Blick auf die Bibel wage ich zu sagen, daß sie zu unterscheiden weiß zwischen ethischem Ernst und ethischem Rigorismus. Ernst und Strenge gehören zu jedem ernsthaften ethischen Entwurf. Im ethischen Radikalismus aber kippt das, was doch eigentlich dem Menschen zum Leben dienen sollte, urplötzlich um in wirklichkeitsfremde und lebensfeindliche Überforderung. Wo die Ethik am steilsten formuliert wird, stehen wir nicht auf dem Gipfel menschlicher Tugend, sondern stürzen unversehens in einen Abgrund von Unmenschlichkeit.

Du willst niemandem zur Last fallen? Ja, wie willst Du das denn anstellen? Willst Du Dich allen Menschen entziehen? Oder glaubst Du, Du könntest Dich mit sittlicher Kraftanstrengung so veredeln, daß es am Ende nichts mehr gibt, was anderen an Dir lästig sein könnte? Vermagst Du Dich selbst nur an der Spitze einer Pyramide zu sehen, bei der Du der Lastenträger aller bist, selber aber niemandem etwas zu tragen gibst? Versuch doch bitte einmal, Dir klar zu machen, welche Last Du Dir auf diese Weise auflegst. Kannst Du sie tragen? Und Deine Religion, Dein Glaube – ist er dazu da, damit Dein Leben immer schwerer wird, weil Du niemanden an Dich heranlassen darfst, der Dir etwas abnimmt?

Der Traum von der völligen Autarkie ist ein schlimmer Traum. Nur zu schnell wird er zum Alptraum. Niemandem zur Last werden: überleg Dir einmal, was Du alles abstellen mußt, um dieses hehre Ziel zu erreichen. Alle Deine Schwächen, Deine Ängste, Deine unnötigen Sorgen, Deine Angewohnheiten, Deine Unduldsamkeit, Deine Unnachgiebigkeit, Deine Unaufrichtigkeit, Deine heimlichen Bitten und Wünsche, Erwartungen und Forderungen. Dazu Deine Krankheiten, Deine Mißstimmungen, Deine Zornesausbrüche. Ob die berühmten 70 oder 80 Jahre hierfür ausreichen?

Vielleicht denkst Du, daß dies doch gerade ein Zeichen der Liebe sei, daß sie dem Geliebten niemals lästig werden möchte. Aber im Hohenlied der Liebe finde ich nichts davon. Du möchtest niemanden enttäuschen, aber was Du da Liebe nennst, ist wohl doch eher ein Zeichen mangelnden Vertrauens. Wer einem anderen etwas zumutet, setzt Vertrauen in seine Tragekräfte. Wenn zwei Menschen sich vor dem Altar oder auch ganz prosaisch auf dem Standesamt ewige Treue versprechen, schließt dieser Bund gerade auch dies (auf Gegenseitigkeit!) in sich : Dir will ich mich zumuten, wie ich bin. Du wirst viele Male unter mir leiden, und ich werde viele Male unter Dir leiden, und es wird mehr sein, als wir uns heute vorstellen können. Aber gerade das soll meine Liebe zu Dir sein, daß ich Dir meine schwachen Seiten nicht vorenthalte, daß ich mich Dir nicht entziehe, wenn und wo ich ungenießbar bin.

Nicht anders ist es mit uns und unseren Kindern, die wir zärtlich lieben und denen wir ein guter Vater, eine gute Mutter sein wollen. (Ganz nebenbei: »Gut« ist allemal genug, befriedigend ist immer noch ausreichend, sehr gut ist fast immer zuviel!). Aber ganz bestimmt wird unsere Liebe nichts daran ändern, daß unsre Kinder unter uns leiden werden, und zwar eigentlich immer viel mehr, als uns lieb ist. Und leiden nicht sogar unsere geliebten Haustiere mitunter ganz schön unter uns?

Niemandem zur Last fallen – immer mehr Menschen in unserer Gesellschaft schreiben dies als Losung vor allem über ihr Alter, und können doch der Tatsache nicht entrinnen, daß ein Aspekt des Älterwerdens darin besteht, daß die Hilfsbedürftigkeit wächst und wächst. Schwer wird es uns werden, wenn wir jahrzehntelang nur das Umgekehrte trainiert haben: Weltmeister im Helfen, Stümper, wenn es darum geht, sich auch einmal helfen zu lassen. Die Menschenwürde wird jedoch – Gott sei Dank! – nicht nach dem Maß unseres Einsatzes für andere gemessen, sondern hat etwas zu tun mit der Demut, die, vielleicht schweren Herzens, aber doch freundlich darein willigt, daß keiner von uns der Tatsache entgehen kann, daß wir eben immer auch Last für andere sind. Aber paßt das nicht am Ende doch zu unserer Königswürde, wenn wir um Hilfe bitten müssen? Oder fällt uns ernstlich ein Stein aus der Krone, wenn wir uns ohne fremde Hilfe nicht mehr bewegen können?

Ich habe
zu nichts Lust

Ich habe zu nichts Lust. Morgens kann ich mich zu nichts aufraffen, liege lange im Bett. Ich habe verschiedene Ausbildungen
begonnen, aber nichts abgeschlossen. Ich habe viele Anläufe
genommen, aber der Elan war meist schon nach kurzer Zeit
verpufft. Ich habe mit vielen Seelsorgern gesprochen, sie haben
mir gute Ratschläge gegeben, aber auch das hat mir nicht ge-
holfen.

Was soll ich dazu sagen? Zu nichts Lust! Und so
spricht nicht ein Greis, dem das Leben nicht mehr
schmeckt, sondern ein junger Kerl von 28 Jahren! Zu nichts
Lust – das darf doch wohl nicht wahr sein! Soll ich Dir zür-
nen, weil Du bodenlos faul bist? Soll ich Dich bedauern,
weil Du an Deinem Leben so wenig Freude hast?

Läßt Dich das Elend der Welt kalt? Könntest Du Dich
nicht von der Not in der sogenannten Dritten Welt heraus-
fordern lassen? Dich einmal aufraffen und wenigstens an
einer Stelle zupacken und die Not lindern helfen! Aber
wahrscheinlich wirst Du mir mit müder Stimme sagen:
Habe ich doch alles versucht!

Und gibt es wirklich keine Arbeit, die Dich locken könnte? Du bist doch offenbar nicht ungeschickt. Kannst Du
Dich nicht freuen, wenn Dir etwas gelungen ist und Du
sagen kannst: das habe ich geschaffen? Aber wieder höre
ich schon Deine traurige Antwort: Habe ich alles versucht!

Und Essen und Trinken? Könntest Du da nicht spüren, was Appetit ist? Aber offenbar ist das gerade Deine Not: der Lebensappetit ist regelrecht erloschen. Wie ein erloschener Vulkan. Er steckte einmal voll glühender Lava, und von Zeit zu Zeit brach er mit Urgewalt aus. Aber das ist lange her, aus, vorbei.

Ich ahne, daß sich in Deinem Leben irgendwann eine furchtbare Tragödie abgespielt hat. Kein Mensch wird so geboren, wie Du heute bist. Du mußt einmal ganz anders gewesen sein, ganz bestimmt. Du stecktest einmal voller Lebenslust, Tatendrang, Neugier, Bewegungsfreude. Kaum warst Du wach, da hatte Dich schon die Lust auf den neuen Tag gepackt. Dein Appetit auf Leben entwickelte sich kräftig, und nie warst Du um neue Einfälle verlegen. Aber irgendwann muß etwas geschehn sein, was diese Energien zum Verlöschen gebracht hat, vielleicht ganz plötzlich, vielleicht auch in einem langen, schleichenden Prozeß. Und sicher hast Du Dich zunächst sehr energisch gegen diese Entwicklung gewehrt, bis Du irgendwann der Übermacht der lebensfeindlichen Kräfte erlegen bist und resigniert hast.

Ich mache Dir einen Vorschlag. Bestimmt gibt es in Deiner Familie eine ganze Menge Fotos von Dir, Abzüge in Alben, Dias. Nimm, was immer Du finden kannst. Ordne die Bilder nach der Reihenfolge ihrer Entstehung, so daß sie Deine Geschichte illustrieren. Schau Dir die Bilder in Ruhe an und gehe einmal zurück, immer weiter zurück. Da sind die neueren Bilder, auf denen Deine Augen so glanzlos müde erscheinen, Dein Gesicht düster und verlebt wirkt, Deine Gebärden abgewandt und ausdruckslos. Wenn Du pflichtschuldig mitgelacht hast, so wirkt das Lachen doch nicht befreit, sondern ein wenig gequält und aufgesetzt. Aber zurück, immer weiter zurück, vielleicht sehr weit zurück. Ich kann es mir nicht anders vorstellen, irgendwann mußt Du auf Bilder treffen, die Dich doch etwas vitaler zeigen, ja, die vielleicht eine Lebenslust verraten, die Du heute schmerzlich vermißt.

Such Dir für diese Übung eine gute Freundin oder einen guten Freund, einen Dir vertrauten Menschen. Wahrscheinlich wird er auf den Bildern mehr wahrnehmen als Du selbst, zumal wenn er die Bilder zum ersten Mal sieht. »Der Mensch sieht sich nicht; er wird gesehen«, so sagt ein afrikanisches Sprichwort. Wahrscheinlich gilt dies auch für das Anschauen von Fotos. Ob Ihr beim Betrachten der Bilder vielleicht sogar den Knick orten könnt, die Lebensphase, in der Du den Appetit am Leben verloren hast? Wann war das? Was war damals? Was geschah in Deiner Familie? Was geschah Dir selbst?

Nun muß ich allerdings das Bild vom erloschenen Vulkan verlassen. Denn die meisten Vulkane verlöschen nach unserer Erkenntnis für immer. Wiederbelebungsversuche sind zwecklos. Wie aber ist es bei Menschen – können sie auch für immer verlöschen? Ist bei Dir wirklich nur noch erkaltete Asche? Oder gibt es nicht vielleicht wenigstens hier oder da eine Stelle, wo die Asche noch ein wenig warm ist? Irgendwo muß doch noch ein Funken Glut unter der Asche sein! Ich wünsche Dir nichts so sehr wie einen treuen Begleiter, der sich mit dir zusammen aufmacht und nach der verschütteten Glut sucht. Und wenn ihr fündig geworden seid, wenn aus der Glut vielleicht am Ende doch wieder ein loderndes Feuer geworden ist, dann wollen wir ein Freudenfest feiern, das sich sehen lassen kann. Glaubst Du, daß der Tag kommen wird? Ich glaube es für Dich!

Meine Ängste

Ich
bin ein Angsthase

Schon im Kindergarten riefen die anderen Kinder mir manchmal nach: »Angsthase, Pfeffernase, morgen kommt der Oster-
hase!« Dann schämte ich mich immer sehr. Ich bin auch wirklich ein Angsthase. Ich habe mich mit dem »Enneagramm« be-
schäftigt, ich bin eine typische Sechs. Immer muß ich mich gegen mögliche Gefahren sichern.

Ängstlichkeit kann das Leben sehr ungemütlich machen. Doch meistens kommt zu dieser Not gleich
noch eine zweite hinzu, daß nämlich Ängstlichkeit als etwas Ehrenrühriges gilt, dessen Du Dich zu schämen hast.
Ich kann mir auch gut vorstellen, wie Du neidisch zu denen aufschaust, die offenbar mutiger sind als Du. Sie wirken auf Dich wie eine ständige Anklage, mit der Du Dein
Gewissen belastest. Warum kann ich das nicht auch so
wie …?

Die Moralisierung der Angst ist etwas Gräßliches. Sie
führt meistens zu sehr oberflächlichen, undifferenzierten
Urteilen. Hast Du Dir schon einmal klar gemacht, daß es
auch Menschen gibt, die zu wenig Angst haben? Vielleicht

läßt sich gerade an dieser Stelle ablesen, wieviel bei uns durcheinandergeraten ist. Auf der einen Seite sind wir überaus ängstlich und lassen uns in unserer Ängstlichkeit von Medien beeinflussen, die das Geschäft mit der Angst machen und uns vor diesem und jenem warnen. Und auf der anderen Seite leben wir mit der atomaren Gefahr, den Bomben, den technisch einigermaßen sicheren Atomkraftwerken und den maroden, verantwortungslos gebauten, leben mit dem anwachsenden Plutoniumschwarzhandel und verschlafen – wie lange noch? – unermeßliche Gefahren.

Daneben mag eine ganz andere Beobachtung stehen: nicht wenige, die als Angsthasen gelten und sich selbst auch so einschätzen, sind manchmal ganz plötzlich zu erstaunlicher Tapferkeit fähig. Das ist eine wunderbare Erfahrung. Offenbar ist Ängstlichkeit nicht ein unwandelbares Sein, sondern eine Grundstimmung, die Dein Handeln in vielen Situationen bestimmt, aber nicht bestimmen muß. Ich denke an meine Schulzeit. Da war ein Junge, der auch allgemein als Angsthase galt. Als aber einmal die ganze Klasse aus geringfügigem Anlaß über einen Mitschüler herfallen wollte, stellte er sich als einziger der aggressiven Horde entgegen und brachte sie mit seinem Widerstand zur Besinnung. Ob Du auch solche Erfahrungen kennst? Vielleicht fällt Dir ja auch etwas ein, wenn ich Dir für Dein Nachdenken den Satz »wie ich einmal ganz tapfer war« gebe. Falls Dir nichts einfallen sollte, dann frag die Menschen, die Dich kennen. Es könnte sein, daß sie Erstaunliches zu berichten haben. Das Beispiel von dem Schüler, das ich eben erwähnte, zeigt übrigens, auf welchem Feld die sogenannten Angsthasen den schönsten Sport treiben, den es gibt: über den eigenen Schatten springen. Ja, wenn es darum geht, für das Recht, für das Wohl anderer einzutreten, tritt plötzlich eine unerwartete Courage an den Tag.

Ist Dir auch schon einmal aufgefallen, daß ängstliche

Menschen oft sehr einfühlsam sind? Vielleicht gehörst Du ja auch zu dieser Sorte. Es könnte ja auch sein, daß zwischen der angeblichen Untugend der Ängstlichkeit und der Kunst, sich in das Fühlen eines anderen Menschen hineinzuversetzen, ein tiefinniger Zusammenhang besteht?

Und die Mutigen, die Du so beneidest? Nun, einige sind wohl wirklich in einer wunderbaren Weise sorglos, ungeniert und kühn. Aber dann sind da die ganz Mutigen, die einem so imponieren können, weil sie im Freibad vom Zehner sprangen, während man selber mit Zittern und Zagen gerade einen Sprung vom Einer hinbekam, und heute wagen sie sich noch weiter vor und springen mit dem Bunjee-Seil oder mit einem Fallschirm, und anschließend lächeln sie fröhlich in die Kameras. Psychologen können Dir allerdings sagen, daß so manche Kühnheit etwas Kontraphobisches an sich hat, das heißt, sie dient dazu, sich selbst und aller Welt zu beweisen, daß man keine Furcht kennt. Solche Sprünge sind dann ein beliebtes Mittel, um die eigene Angst nicht an sich heranzulassen. Dann kann es sein, daß den wagemutigen Springer der Mut schon verläßt, wenn es nur darum geht, den Zahnarzt aufzusuchen, oder irgendeinen kleinen Fehler nicht abzustreiten, sondern gelassen zu sagen: Ja, das war ich. Aber das bedeutet nun auch nicht, daß Du Deine Ängstlichkeit kultivieren solltest. Doch gerade wenn Dir daran liegt, daß die Angst nicht zu sehr ins Kraut schießt, ist es wichtig, daß Du merkst, daß die Dinge etwas komplizierter sind, als die meisten Menschen denken. Wenn Du etwas weniger an Dir herummeckerst, ist das schon ein guter Schritt auf dem richtigen Weg.

Aber die andere Seite ist ja auch wahr. Wir leiden unter unserer Angst. Sie macht unser Leben eng, sie bindet oft unsere besten Energien, sie belastet unsere Beziehungen, sie lähmt uns in unserer Schaffenskraft. Schnell manifestiert sie sich auch in körperlichen Symptomen, denn die Angst besteht ja nicht einfach nur aus ein paar Angstgedanken, sondern sitzt uns buchstäblich in den Knochen, und so kommt es dann zu Kopfschmerzen, Herzstörungen, Erröten, Schweißausbrüchen, Stoffwechselerkrankungen und anderen Leiden. Nicht nur wir selbst leiden unter unserer Ängstlichkeit, andere sind in Mitleidenschaft gezogen, besonders die Kinder, deren Eltern immer nur Gefahren sehen, so daß sie kein Vertrauen in das Leben vermitteln, sondern nur immer neue Sicherheitszwänge. Ich denke an jene Mutter, eine Kriegerwitwe, der aus ihrer kurzen Ehe nur ein Kind als kostbarer Schatz geblieben war, die bei Radtouren ihres Sohnes heimlich in gemessenem Abstand der Gruppe nachfuhr, um gleich eingreifen zu können, wenn etwas passierte. Ja, es wäre schon schön, wenn es Rezepte gegen die Angst gäbe, wenn die Angst wenigstens ein bißchen geringer werden würde.

Es muß nicht so sein, daß Du für alle Zeiten Deiner Ängstlichkeit hilflos ausgeliefert bist. Es gibt Mittel und Wege, die Du beschreiten kannst. In einer guten Psychotherapie kann manches Hilfreiche zur Sprache kommen. Aus der Fülle der Möglichkeiten greife ich hier nur ein Beispiel heraus, und zwar eines, das deutlich machen kann, daß auch Angst nicht einfach etwas Gegebenes ist. Auch zu Deiner Angst hast Du eine Beziehung. In ihr kann die Chance zu einer mehr oder weniger weit reichenden Entmachtung Deiner Angst liegen. Was ich Dir sage, ist eine ganz eigenartige kleine Mutprobe: Die eigene Angst, wenn sie sich regt, wahrnehmen. Du weißt doch, wie es ist, wenn die Angst in Dir aufsteigt? Du spürst, wie Du unruhig wirst. Du hörst Dein Herz klopfen. Dein Atem wird flach und ungleichmäßig. Deine Hand beginnt zu zittern. Hast Du den Mut, dies von innen her zu spüren, auch wenn es sich unangenehm anfühlt? Bist Du bereit – und das verlangt noch ein klein wenig mehr Mut – diesen Zustand nicht zu bewerten? Kannst Du der Versuchung widerstehen, die Symptome Deiner Angst zu unterdrücken oder zu verheimlichen? Vielleicht kannst Du das Zittern, die

Anspannung in Deinen Muskeln sogar vorsichtig verstärken. Es mag sein, daß Du dann plötzlich spürst, wieviel Energie in Deiner Angst steckt, daß Angst immer auch Leidenschaft ist, Erregung, Fieber, Vitalität.

Auf diesem Wege kann Dir aufgehen, daß das eigentlich Schlimme oft gar nicht die Angst ist, sondern das Verdikt, das Dir sagt, daß Du keine Angst haben darfst. Du darfst sehr wohl Angst haben, und manchmal mußt Du sogar Angst haben. Wer sich seiner eigenen Angst fühlend (also nicht gedanklich mit dem Kopf!) bewußt geworden ist, ist an einer entscheidenden Stelle dem lähmenden Kreis der Angst entgangen. Er hat einen Sieg davongetragen, der alles andere als spektakulär ist, aber eine Kettenreaktion nach sich ziehen kann.

Ein Kinderbuch (Tonio auf dem Drahtseil, Nord-Süd-Verlag) erzählt eine wunderbare Geschichte. Da ist ein Artist, dessen Darbietungen auf dem Drahtseil die Glanznummer des Zirkus sind. Doch eines Tages sieht Tonio vom Drahtseil aus, wie ein Vogel im Zirkuszelt abstürzt. Von Stund an packt ihn die Angst, daß es ihm ganauso ergehen könnte, und er, dessen Wagemut sonst das Publikum zu Beifallstürmen hinriß, traut sich nicht mehr aufs Seil. Dem Zirkus droht der Ruin, guter Rat ist teuer. Tonio bekommt ihn von einem Clown, der ihm empfiehlt, seine eigene Angst in seine Drahtseilnummer einzubauen. So wird seine Unsicherheit zu einem Teil seiner Darbietung, und auf diese Weise verliert die Angst ihre lähmende Kraft.

Ob Du nachempfinden kannst, welch himmelweiter Unterschied zwischen zwei sehr ähnlichen Sätzen besteht: »Eigentlich dürfte ich keine Angst haben«, und »Eigentlich brauchte ich keine Angst zu haben«? Vor allem, wenn Du diese beiden Sätze laut sprichst, kann Dir aufgehen, wie der eine Satz Dir eine schwere Last auferlegt, während sich der zweite als Schlüssel zur Freiheit erweist.

Mein Ende

Es muß ein kluger Mensch gewesen sein, der den Satz geprägt hat: Niemand erkühne sich, über das Sterben zu schreiben, ehe er nicht selbst gestorben ist. Ich will mich tunlichst daran halten.

Darum schließe ich dieses Buch nicht mit klugen Ratschlägen, wie der Mensch am besten stirbt, oder mit breiten Ausführungen, was der Tod sei. Nur ein Anliegen habe ich in diesem Zusammenhang: daß wir beim Versuch, die Freude am eigenen Dasein zu gewinnen, nicht anfangen zu mogeln. Denn dann ist alles verloren.

Was soll das heißen? Wieso sind wir versucht zu mogeln? Zu den Spielregeln des Lebens gehört der Respekt vor dem Sterben. Und eben daran fehlt es unserer Kultur in wachsendem Maße. Pfeifen es nicht die Spatzen von den Dächern, daß wir uns so annehmen sollen, wie wir sind? Nicht sorgen, leben! Man hört es ja auch von (fast) allen Kanzeln: Sei nicht dein eigener Feind! Schluß mit Selbstquälerei und Selbstzerstörung! Freude ist angesagt, Spaß muß sein.

Aber ich fürchte, viel von der Lustigkeit, die unsere Gesellschaft auszeichnet, ist ermogelt, weil sie den Respekt vor dem Tod nicht übt. Merken wir nicht, wie zwanghaft die Lustigkeit vieler Entertainer ist? Wir lachen ja schon längst nicht mehr, weil wir unseres Daseins froh sind, sondern weil uns das Lachen verordnet ist.

Die Tabuisierung der Sexualität im 19. Jahrhundert haben wir glücklich hinter uns gelassen und, freilich weniger glücklich, sogar in ihr Gegenteil verkehrt. Das zweite große Tabu der bürgerlichen Welt dagegen herrscht stärker denn je, und das ist die Verdrängung des Todes. Leben, als gäbe es keinen Tod, erziehen, als müsse man nie sterben, feiern, als wäre kein Grund zum Trauern, so lieben wir es.

Stillschweigende Voraussetzung dabei ist, daß es einen Zugang zum Leben am Tod vorbei gibt. Aber ein Leben, das uns den Tod vergessen läßt, gibt es nur als billiges, enttäuschendes Surrogat. Wirkliches Leben kennt den Tod nicht nur als seinen großen Gegenspieler, sondern immer auch als integrales Element aller Lebensvollzüge.

Immer wieder sind wir bei unseren Betrachtungen auf Probleme des Wachsens und Reifens gestoßen. »Ich freue mich, daß es mich gibt« – diese Freude am eigenen Dasein, an der eigenen Lebendigkeit ist nicht zuletzt Freude am Wachsen. Es gibt aber kein Wachsen, das nicht beides zugleich wäre: Gewinnen und Verlieren, Kommen und Gehen, Begrüßen und Abschiednehmen, Zunehmen und Abnehmen, Empfangen und Loslassen, Leben und Sterben. In allem Lassen zeichnet sich unser Sterben ab, ist der Tod, den wir schließlich sterben werden, präfiguriert. Alle Übungen, in denen ein Lassen eine Rolle spielt, haben etwas zu tun mit der ars moriendi, der Sterbekunst. Wer dem innigen Ineinander von Tod und Leben den Respekt versagt, ist ein Betrüger. Was wirklich Freude ist, bleibt dem verschlossen, der sie sich erschlichen hat. Das Leben selbst wird uns disqualifizieren, wenn wir uns die Freude ermogeln wollen.

Ein Leben lang ist uns Zeit gegeben, uns darin zu üben, unser Leben zu bejahen, indem wir nicht vor dem Sterben davonlaufen, und unser Sterben zu bejahen, indem wir uns dem Leben stellen. Die Freude, die wir auf diesem Weg gewinnen, ist von anderer Qualität als der Spaß derer,

die den Tod nicht wahrhaben wollen. Sollten ihre Quellen
versiegen, wenn unser letztes Stündlein geschlagen hat?
Ich möchte glauben und hoffen, daß die Freude das letzte
Wort haben wird.

VANDENHOECK TRANSPARENT

Band 1: Reinhard Deichgräber
Trost der Nacht
Gedanken zu Schlaf und
Schlaflosigkeit. 1993. 123 Seiten
ISBN 3-525-01801-0
Originalausgabe

**Band 11: Harry Stroeken/
Joop Smit**
**Biblische Schicksale in
psychoanalytischem Blick**
Aus dem Niederländischen von
Dieter Maenner. 1994. 121 Seiten
ISBN 3-525-01711-1
Deutsche Erstausgabe

Band 12: Glenn T. Koppel
**Wochenendlektüre: Träumen
und Traumdeutung**
1994. 109 Seiten mit 4 Abb.
ISBN 3-525-01712-X
Originalausgabe

Band 13: Peter Kutter
Liebe, Haß, Neid, Eifersucht
Eine Psychoanalyse der
Leidenschaften. 1994. 109 Seiten
ISBN 3-525-01713-8
Völlig überarbeitete und aktuali-
sierte Fassung des Titels »Leiden-
schaften« vom selben Autor.

Band 14: Wolfgang Wiedemann
Heilsame Erschütterung
Besinnungen zu Gesundheit
und Krankheit. 1994. 128 Seiten
ISBN 3-525-01804-5
Originalausgabe

V&R
**Vandenhoeck
& Ruprecht**

Band 15: Udo Hahn
Sinn suchen – Sinn finden
Was ist Logotherapie?
1994. 116 Seiten
ISBN 3-525-01805-3
Originalausgabe

Band 16: Regula Bott (Hg.)
**Adoptierte suchen
ihre Herkunft**
1995. Ca. 118 Seiten
ISBN 3-525-01714-6
Originalausgabe

Band 17: Helmut Remmler
Das Geheimnis der Sphinx
Archetyp für Mann und Frau.
2., überarbeitete Auflage 1995. Ca.
116 Seiten mit 23 Abbildungen
ISBN 3-525-01715-4

Band 18: Thomas Schleiff
Der Vogel mit dem Doktorhut
Vergnügt-besinnliche Tier-
gedichte. 1995. Ca. 128 Seiten mit
15 Kohlezeichn. von Gretje Witt
ISBN 3-525-01806-1
Originalausgabe

Band 19: Christel Gottwals
**Wie das Licht
eines neuen Tages**
Gedanken und Geschichten
zum Besinnen. 1995. 126 Seiten
ISBN 3-525-01808-8
Originalausgabe

Band 20: Reinhard Deichgräber
**Ich freue mich,
daß es mich gibt**
Vom Umgang des Menschen
mit sich selbst. 1995. 127 Seiten
ISBN 3-525-01809-6
Originalausgabe